«Los últimos años han parecido un invierno amargo interminable. Hemos experimentado una pandemia mundial, caos político, disturbios, recesión económica y mucho más. En tiempos como estos, necesitamos un guía experimentado que nos ayude. No se me ocurre nadie mejor que mi amigo Max para conducirnos a la primavera. Las palabras que fluyen de su pluma son una buena medicina para nuestras almas. Apóyate en este libro y deja que la gracia de Dios descanse en ti».

> —Dr. Derwin L. Gray, cofundador y pastor principal de Transformation Church; autor de *God, Do You Hear Me? Discovering the Prayer God Always Answers*

«En *Fuiste creado para un momento como este*, Max de manera magistral retrata vívidamente el poder del libro de Ester y su relevancia para nuestras vidas. Este profundo mensaje de esperanza y valor es lo que necesitamos con urgencia mientras navegamos por los desafíos de la vida en este mundo caótico. Nos recuerda que lo imposible es donde Dios comienza, y los milagros son lo que Dios hace. No quería que este libro terminara y tú tampoco lo querrás».

> —Christine Caine, cofundadora de A21 y Propel Women

«Max Lucado es uno de los mejores autores aún vivos en lo que respecta a traer la Biblia a la vida. Al entrelazar sin esfuerzo enseñanzas prácticas y experiencias actuales con el texto antiguo de la Biblia, Max te sitúa en medio de los tiempos bíblicos como si estuvieras viviendo junto a los propios personajes. La historia de Ester siempre me ha resultado intrigante y cautivadora. Siendo una verdadera desvalida, Ester creyó en Dios para lo imposible y cambió la historia con su fe. Prepárate para una experiencia inspiradora, edificante y fortalecedora de la fe en el nuevo libro de Max Lucado, *Fuiste creado para un momento como este*».

> —Craig Groeschel, pastor de Life.Church y autor de *best sellers* del *New York Times*

«Este libro me impactó hasta la médula como cristiana y mujer negra. He leído el libro de Ester tantas veces, que incluso las personas han usado Ester 4:14 para describir mi carrera, pero Max nos llevó a un viaje que solo él podía hacer, contemplando esta historia antigua a través de una lente nueva y fresca. Max entrelaza la historia de Ester con historias actuales que le recuerdan al lector la presencia de Dios cuando nos sentimos olvidados; nuestro hábito de centrarnos en lo que podemos perder en lugar de en lo que podemos ganar al defender lo que es correcto; y la importancia de no huir de los "momentos Mardoqueo". Gracias, Max».

—Maggie John, presentadora/productora de TV de *Context Beyond the Headlines* y expresentadora de *100 Huntley Street*

«Hace tiempo que admiro a Max Lucado como un autor cuyos escritos están llenos de aliento, esperanza y amor, con historias que llegan al corazón de todas las edades».

—Nicky Gumbel, vicario de Holy Trinity Brompton y pionero de Alpha

«Para aquellos de nosotros que alguna vez hemos creído la mentira de que Dios ya no puede utilizarnos con el fin de producir un cambio, Max proclama: "Fuiste hecho para un momento como este. Tú. Yo. Nosotros". A través de una rica visión bíblica y una emocionante narración, descubre cómo Dios nos invita a participar en su obra santa y utiliza nuestras experiencias y circunstancias para bendecir a más personas de las que podemos imaginar. Esa es una aventura de la que quiero formar parte. Acompáñame».

—Amy Grant, cantautora y autora, ganadora de un premio Grammy

«*Fuiste creado para un momento como este* ha sido escrito en el lugar y el momento adecuados. He luchado con los puntos bajos sobre los que Max escribe y he experimentado de primera mano que "la confusión y la crisis de hoy serán la conquista de mañana". El tema de Max para este libro me recuerda la primera canción que escribí después de convertirme en cristiano, titulada "The Struggle". Su llamado a reformular tu lucha como una oportunidad para que Dios produzca vida de la muerte es justo lo que nuestros hermanos y hermanas necesitan ahora mismo. Gracias, Max, por recordarnos una vez más que ninguna lucha es demasiado difícil para Dios».

—Zach Williams, artista discográfico ganador de múltiples premios Grammy y Dove

«Todos enfrentaremos temporadas que parecen abrumadoras, tiempos de problemas inesperados e inmerecidos que dan lugar al miedo y nos intimidan. En su nuevo y poderoso libro, *Fuiste creado para un momento como este*, mi querido amigo Max Lucado utiliza la valiente historia de

Ester no solo para animarnos cuando nos enfrentamos a estos "inviernos árticos", sino con el fin de mostrarnos que Dios ha puesto dentro de nosotros la voluntad y la determinación para alcanzar nuestro destino divino cuando confiamos en él».

—Victoria Osteen, copastora de Lakewood Church

«Incluso los líderes más fuertes tienen temporadas de invierno que pueden quebrantarnos: el mundo es oscuro, el día es solitario y Dios permanece en silencio. Y sin embargo, como explica Max Lucado con tanta empatía y aliento, esos también son los momentos que pueden formarnos. *Fuiste hecho para un momento como este* cambiará tu forma de ver los desafíos de tu vida: hay un propósito en el dolor y una oportunidad en la oposición».

—Kadi Cole, consultora de liderazgo, asesora ejecutiva y autora de *Developing Female Leaders*, www.kadicole.com

«Si alguna vez has sentido que Dios ha abandonado el mundo, tu vida, o ambas cosas, te encantará *Fuiste creado para un momento como este*. De una manera en que solo Max Lucado lo puede hacer, él hace que una historia bíblica salte de la página y le hable con frescura directamente a la desolación que con demasiada frecuencia se siente hoy. Justo cuando estabas a punto de rendirte, no solo encontrarás a Dios, sino también tu papel en la historia».

—Carey Nieuwhof, autor de *At Your Best*, creador de pódcast y conferenciante

«Max continúa con su tradición de hacer una narración brillante al capturar la historia de Ester. Esta es una historia para ahora y para un momento como este, en nuestro presente. Este libro demuestra la relevancia de la historia de Ester y cómo nuestra lucha constituye a menudo nuestra fortaleza. Nuestros retos pueden servir para formar a una generación si nuestra visión de Dios sigue siendo más grande que la de nosotros mismos».

—Latasha Morrison, fundadora y presidenta de Be the Bridge

«¡Fuiste creado para un momento como este! ¡Eres una persona de Dios! Independientemente de dónde hayas estado y lo que hayas hecho, Max Lucado nos invita a un viaje valiente para seguir el llamado de Dios, incluso cuando no nos sentimos capacitados y en especial cuando consideramos que no estamos preparados».

—Paula Faris, presentadora de *The Paula Faris Faith and Calling Pódcast*, autora, conferenciante

Fuiste

CREADO PARA UN
MOMENTO
COMO ESTE

ALIENTO PARA HOY, ESPERANZA PARA MAÑANA

MAX LUCADO

GRUPO NELSON
Desde 1798

A nuestra querida amiga, Margaret Bishop.
Eres una Ester de tu generación, un modelo
de valor, fe y belleza. Denalyn y yo nos
sentimos honrados de conocerte y estamos
encantados de ser abuelos junto a ti.

Publicado en Nashville, Tennessee, Estados Unidos de América.
Grupo Nelson es una marca registrada de Thomas Nelson.
www.gruponelson.com

Este título también está disponible en formato electrónico.

Título en inglés: *You Were Made for This Moment*
© 2021 por Max Lucado
Publicado por Thomas Nelson
Thomas Nelson es una marca registrada de HarperCollins Christian Publishing, Inc.

Editora en Jefe: *Graciela Lelli*
Traducción: *Omayra Ortiz*
Adaptación del diseño al español: *Deditorial*

ISBN: 978-0-82973-450-8
eBook: 978-0-82973-650-2

Impreso en Estados Unidos de América

HB 07.28.2022

CONTENIDO

RECONOCIMIENTOS

Había una vez, en un momento antes de que existieran los momentos, dos ángeles que estaban revisando la descripción de trabajo de un ser todavía no nacido llamado Max. La tarea decía: *escritor de libros cristianos*. Sin embargo, cuando los ángeles vieron las habilidades de Max y la responsabilidad de un autor, un ángel dijo: «Tenemos que llevar esto a la cadena de mando. Lucado no tiene lo que se necesita para hacer este trabajo». El otro ángel respondió: «No me gusta tu gramática, pero estoy de acuerdo con tu preocupación».

Así que pidieron una explicación. Esto es lo que se les dijo. «Ustedes tienen razón. Lucado va a necesitar toda la ayuda que el cielo pueda reunir. Como resultado, los siguientes miembros del equipo son asignados para mantenerlo a flote:

- Liz Heaney y Karen Hill: editoras de excepcional habilidad. Ellas podrían incitar a un burro a bailar y enseñar a un pez a cantar.
- Carol Bartley: ella es tan capaz, que planeamos pedirle que edite el Libro de la Vida en busca de errores tipográficos.
- David Drury: si hubiera nacido dos mil años antes, habría estado en la labor epistolar. Él mantendrá a Lucado en el camino recto y estrecho de la doctrina.

- Steve y Cheryl Green: todo el mundo necesita amigos como Steve y Cheryl. Los reservamos para Max.
- El equipo de héroes de HCCP: Mark Schoenwald, Don Jacobson, Tim Paulson, Mark Glesne, Erica Smith, Janene MacIvor y Laura Minchew. Hay suficiente talento en ese equipo para dirigir una galaxia.
- Greg y Susan Ligon: ellos están recibiendo el doble de la cuota de dones espirituales. Dirigirán, servirán, administrarán, animarán y aconsejarán. ¡Son superestrellas!
- Dave Treat: él ora como Daniel y se parece a Moisés.
- Peggy Campbell, Jim Sanders y el equipo Ambassador: ellos han sido apartados de lo alto para pastorear a docenas de pastores espirituales. Tratarán a Lucado con cuidado amoroso.
- Caroline Green: la combinación perfecta de Marta y María. Una buscadora y amante de Jesús.
- Andrea Lucado: el mismo apellido, pero mucho más inteligente que su padre.
- Jana Muntsinger y Pamela McClure: una rara mezcla de sonrisa e inteligencia; perfecta para la publicidad.
- Janie Padilla y Margaret Mechinus: siempre firmes, silenciosas y sólidas como una roca.
- Mike Cosper y Yoram Hazony: sus razonamientos en sus respectivas obras sobre Ester van a inspirar e informar a Max.
- Brett, Jenna, Rosie, Max, Andrea, Jeff y Sara: un árbol familiar con raíces profundas y frutos abundantes.
- Y Denalyn, la novia: cada noche Max se irá a la cama pensando: *¡Me he casado con un ángel!* Tendrá razón. Ella será enviada del cielo».

Los dos ángeles se miraron y sonrieron. «Con un equipo como este», dijo uno, «hasta Lucado será capaz de escribir».

Capítulo uno

EN ESPERA DE
LA PRIMAVERA

El invierno proyecta una sombra fría. Los días son cortos. Las noches son largas. El sol parece tímido, escondido detrás del gris. La calidez empacó sus maletas y emigró al trópico. Un clima de playa sería agradable.

Sin embargo, eso no ocurrirá. Es invierno.

En primavera veremos flores. El verano mece hojas frondosas en el viento. El otoño trae una cosecha de abundancia. ¿Pero el invierno? En el invierno todo está quieto, mortalmente quieto. Los campos se encuentran cubiertos de escarcha. Los árboles extienden ramas esqueléticas. La vida salvaje permanece en silencio. Desaparecida.

El invierno trae peligros. Ventiscas. Tormentas de hielo. Tener precaución es la orden del día. Cuando llegue la primavera, correrás descalzo por el prado y te sumergirás en el estanque. ¿Pero ahora? Es mejor abrocharte la chaqueta, subirte la cremallera, quedarte adentro y mantenerte seguro.

Allá afuera es invierno.

¿Estás en medio de un invierno? ¿Estás atrapado en una melancolía perpetua? ¿Conoces el solsticio de días sin sol y árboles desnudos?

Conozco a una mamá que sí. Una mamá de tres hijos. Dos en pañales y uno discapacitado. Su apartamento es pequeño. Su ingreso es escaso. Y su esposo desertó. La vida en el Campamento Caos fue demasiado para él. También es demasiado para ella. Sin embargo, ¿qué alternativa tiene? Alguien siempre necesita que lo alimenten, lo cambien, lo abracen o lo bañen. Así que ella hace lo que haya que hacer, y parece que lo estará haciendo por siempre. Se pregunta si este invierno se acabará algún día.

Lo mismo se pregunta mi amigo Ed. Él y yo tenemos mucho en común. Los dos gozamos de buena salud. Nuestras destrezas para el golf son mediocres. Nos gustan los perros. Ambos tenemos matrimonios que preceden a la administración de Carter. ¿La diferencia? Mi esposa acaba de preguntarme qué quiero cenar. La suya le pregunta constantemente quién es él. Hace un año la internó en una institución para pacientes con problemas de memoria. Habían soñado con recorrer el país en una casa rodante. Hasta ahora, se ha pasado su jubilación durmiendo solo y visitando diariamente a una mujer que mira por la ventana.

¿Te identificas con ellos? ¿Cuándo te percataste por primera vez de que la vida no sería como esperabas?

Tus padres se divorciaron.

Tu cónyuge te fue infiel.

Tu salud nunca mejoró.

Tu amigo no regresó.

En ese momento, un frío siberiano se asentó sobre tu vida. Tu mundo se convirtió en un círculo ártico de días oscuros, noches largas y temperaturas cortantes.

Invierno.

Este libro nació en invierno. Mientras escribo estas palabras, cada ser humano del planeta está viviendo bajo la escarcha del COVID-19. Una pandemia nos ha encerrado. ¿La mamá de la que te hablé? Su ingreso es escaso porque eliminaron su puesto de trabajo en un restaurante. Ed todavía puede ver a su esposa, pero solo a través de una ventana. Las puertas de la iglesia se encuentran cerradas. Los estudiantes están atrapados en casa. Las mascarillas esconden las sonrisas. Un virus microscópico nos ha paralizado.

Y un pecado antiguo amenaza con destruirnos. A aquellos que teníamos la esperanza de que el racismo estuviera desapareciendo nos probaron que estábamos equivocados. La rodilla de un policía en el cuello de un hombre negro activó una ira subterránea. Un volcán entró en erupción en las calles de muchísimas ciudades.

Parece que el invierno ha envuelto al mundo entero. Todos estamos a la espera de la primavera.

Los inviernos son parte de la vida —algunos personales, otros globales— pero todos son poderosos. Por más que tratemos de abrigarnos y protegernos del viento, el más saludable de nosotros puede caer. El viento es demasiado fuerte. Las noches son demasiado largas, y la pregunta se repite una y otra vez: ¿terminará este invierno algún día? Te preguntas (¿acaso no lo haces?) si sobrevivirás a todo esto.

Si es así, Dios tiene una palabra de aliento de cinco letras para ti: E-S-T-E-R.

El libro que lleva su nombre fue escrito para leerse en el invierno. Fue escrito para los emocionalmente agotados. Fue escrito para la persona que siente que los enemigos la abruman, el destino le jugó una mala pasada y el miedo le ganó la partida. Es como si Dios, en su divina providencia, escuchara todas las oraciones de todas las almas que alguna vez han estado atascadas en un febrero ártico. A cada persona que ha anhelado ver un indicio de verdor en una rama estéril, él le dice: «Sígueme. Quiero mostrarte lo que puedo hacer».

Él nos acompaña hasta la primera fila de un gran teatro y nos invita a tomar asiento. Le hace una indicación al director de orquesta asintiendo con la cabeza. La batuta está levantada, comienza la música, se abren las cortinas y somos testigos del triunfo de un drama divino.

El escenario es la ciudad de Susa en el siglo quinto A. C. en Persia (hoy día Irán). El imperio era para su época lo que Roma era para el primer siglo. Durante el reinado de Darío I, también conocido como Darío el Grande (522-486 A. C.), «controlaba más de 2.9 millones de millas cuadradas [7,510,965 kilómetros cuadrados]». El imperio consistía en aproximadamente el 44 % de la población mundial, un estimado de cincuenta millones de personas.[1] Se extendía unos 7,184 kilómetros desde el actual Punyab, India, hasta Jartum, Sudán.[2] Para que tengas una idea, camina desde Los Ángeles hasta Atlanta, regresa, y vuelve a caminar hasta Los Ángeles. O, si prefieres, duplica el mapa de Estados Unidos, pon las dos copias una al lado de la otra, y tendrás un sentido de la amplitud del Imperio Persa.

El reparto consiste de un cuarteto de personajes memorables.

Jerjes, el rey, tenía sed de vino, un desprecio por las mujeres y convicciones que cambiaban con las condiciones del tiempo. Gobernó en Persia desde el 486 al 465 a. c.[3] Su nombre hebreo es Asuero, cuya pronunciación en inglés suena como un buen estornudo. Por esa razón, su nombre en griego —Jerjes— será mi elección. (Además, cualquier nombre que haga doble uso de la letra J es divertido de escribir).

El libro de Ester lo retrata como un cobarde, un bebedor consumado, que no tiene mucho de pensador. Él se siente más cómodo sosteniendo una copa y delegando decisiones. La historia no le atribuye pensamientos profundos ni decretos dignos de un político. Si lo sorprendes de buen humor, accederá al genocidio.

Al menos esa fue la experiencia de Amán, el villano de nuestra historia. En inglés, su nombre suena como «verdugo», algo muy conveniente, porque para este tirano la muerte era lo suyo. Amán era un funcionario rico e influyente en el gabinete de Jerjes. Su avión era privado. Su ropa hecha a la medida. Se hacía manicuras los lunes y jugaba golf con Jerjes los jueves. Tenía el oído del rey, la arrogancia de un proxeneta y la compasión de Hitler.

Sí, así es. Vemos mucho de Adolfo en Amán. Ambos exigían que los alabaran. Ninguno de los dos toleraba la subversión. Y ambos se dispusieron a exterminar a toda la raza judía. ¿Acaso no puedes casi escuchar a Hitler diciendo lo que dijo Amán?

Entonces Amán le dijo al rey Asuero:

—Hay cierto pueblo disperso y diseminado entre los pueblos de todas las provincias del reino, cuyas leyes y costumbres son diferentes de las de todos los demás. ¡No obedecen las leyes del reino, y a Su Majestad no le conviene tolerarlos! Si le parece bien, emita Su Majestad un decreto para aniquilarlos, y yo depositaré en manos de los administradores trescientos treinta mil kilos de plata para el tesoro real (Ester 3:8-9).

Ese «cierto pueblo» era nada más y nada menos que la nación hebrea: los hijos de Israel, los descendientes de Abraham y la genealogía de Jesucristo. Ellos estaban regados por todo el Imperio Persa. Para Amán, eran motas de caspa sin importancia en la túnica real de Jerjes. Sin embargo, para Dios eran la raza escogida a través de la que redimiría a la humanidad.

Uno de los exiliados judíos realmente sacó de quicio a Amán. Su nombre era Mardoqueo. Al final, lo amarás. No obstante, al principio te confundirá. Muy contento con permanecer callado, eligió mantener su ascendencia en secreto. Pero una persona no podía soportar a Amán ni siquiera en dosis pequeñas.

«Mardoqueo tenía una prima... a quien había criado», porque era huérfana. Seguramente la gente se volteaba a mirarla. Ester «tenía una figura atractiva y era muy hermosa» (Ester 2:7). Los escritos rabínicos antiguos la colocan, junto con Sara, Rebeca y Abigaíl, como una de las cuatro mujeres más hermosas del mundo.[4] Ella pudo presentarse ante el rey gracias a su apariencia, pero su historia es relevante para la tuya debido a su convicción y valor.

¿Estás captando los elementos del drama?

Un rey salvaje e inútil.

Un Amán malvado, despiadado y sanguinario.

Una nación judía bajo la amenaza de exterminio.

Mardoqueo, desafiante y decidido.

Ester, preciosa y valiente.

¿Y Dios? ¿Dónde está Dios en la historia? Ah, esa es una pregunta muy apropiada para hacer.

El libro de Ester se conoce por ser uno de los dos libros en la Biblia que nunca menciona el nombre de Dios.[5] Hasta este punto, él ha estado en todas partes, aparentemente en cada página. En el Edén, es el Creador. En Ur, es el Promotor. En Egipto, es el Liberador. En la Tierra Prometida, es el Guerrero. ¿Pero en Persia? El rastro se ha enfriado.

En ninguna parte leemos: «Y Dios dijo» o «Dios escogió» o «Dios decretó». No hay mención del templo ni del nombre *Yejová* o *Elojím*, el nombre hebreo que significa Dios. No hay visiones apocalípticas, como vio Daniel, ni preocupación por la ley de Dios, como expresó Esdras. La oración está implícita, pero no se describe. El mar no se divide. Los cielos no rugen. Los huesos secos no cobran vida.

¿Por qué? ¿Por qué la ausencia de espiritualidad? ¿Por qué el aparente silencio de Dios?

Si estás en medio del invierno, puedes identificarte con la pregunta. Te parece que Dios está escondido. Distante. Apartado. Ausente de tu guión. Tu mundo se siente alejado del sol.

Otros escuchan a Dios. Tú no. Otros dicen que conocen la voluntad de Dios. Tú estás desconcertado. Otros tienen un pase entre bastidores para su función. ¿Pero tú? Tú no puedes encontrar su nombre en el programa. ¿Está ahí? ¿Le importo? No estás seguro.

¿Estarías dispuesto a aceptar la pepita de oro que yace en el sustrato de la historia de Ester? Providencia tranquila. La *providencia* es el raro término que los teólogos usan para describir el continuo control de Dios sobre la historia. Él no solo pronunció la palabra y el universo llegó a existir, sino que lo gobierna por medio de su autoridad. Él es «el que sostiene todas las cosas con su palabra poderosa» (Hebreos 1:3). Él es real, majestuoso y —esto es esencial— está *aquí mismo*. No se encuentra preocupado por la difícil situación de Plutón a expensas de tus problemas y tu dolor.

Él es reconocido por intervenir dramáticamente. Por medio de su mano, el mar Rojo se abrió, el maná cayó del cielo, una virgen dio a luz y una tumba produjo vida. Sin embargo, por cada grito divino hay un millón de susurros. Ester relata la historia de nuestro Dios susurrante, que de formas invisibles e inescrutables supervisa todas las acciones y circunstancias para el bien de sus hijos. Este libro invaluable nos recuerda que él no necesita hacer ruido para ser fuerte. No necesita proyectar una sombra para estar presente. Dios sigue siendo elocuente en su silencio aparente y sigue activo cuando parece estar más distante.

¿Te parece que Dios está ausente?

Si es así, el libro de Ester merece tu atención. Permite que el drama te atrape.

Primer acto — *Confusión*: El pueblo de Dios escoge el glamour de Persia por encima de la bondad de Dios. La condescendencia reemplaza a las convicciones. La confusión reemplaza a la claridad.

Segundo acto — *Crisis*: Un decreto de muerte coloca a miles de judíos en un soporte vital. ¿Qué esperanza tiene una minoría marginada en una sociedad pagana?

Tercer acto — *Conquista*: Sucede lo inimaginable. Algo tan inesperado que «su aflicción se convirtió en alegría, y su dolor en día de fiesta» (Ester 9:22).

El tema del libro de Ester —en efecto, el tema de la Biblia— es que todas las injusticias del mundo serán revertidas. Los giros radicales son la característica distintiva de Dios. Cuando sentimos que todo se está desmoronando, Dios está obrando en medio de nosotros para que todo caiga en su sitio. Dios es el Rey de la providencia tranquila, y nos invita a ti

> Dios sigue siendo elocuente en su silencio aparente y sigue activo cuando parece estar más distante.

y a mí a asociarnos con él en su obra. El titular del libro de Ester dice: *El alivio vendrá... ¿serás parte de él?*

Cuando todo parezca perdido, no es así. Cuando la maldad parezca adueñarse del día, Dios todavía tiene la última palabra. Él tiene a un José para cada hambruna y un David para cada Goliat. Cuando su pueblo necesita rescate, Dios llama a una Rajab al servicio. Cuando un bebé Moisés necesita a una mamá, Dios motiva a una princesa egipcia a tener compasión. Él siempre tiene a su gente.

Tuvo a alguien en la historia de Ester.

Y en tu historia te tiene a ti.

Quieres retirarte, permanecer callado, mantenerte a salvo, quedarte entre bastidores. *No tengo lo que hace falta,* te dices. Podrías descartar la idea de que «fuiste creado para este momento» como una simple locura.

¡Ah, pero cuánto deseo que no lo hagas!

El alivio vendrá... ¿serás parte de él?

Este mundo se vuelve todo un lío, no cabe la menor duda. Sin embargo, las soluciones de Dios llegan a través de personas con valor. Personas como Mardoqueo y Ester. Personas como tú. Personas que se atreven a creer que, por la gracia de Dios, fueron creadas para un momento como este.

> Los giros radicales son la característica distintiva de Dios.

Aquellos que están atascados en el primer y el segundo acto, no duden de que el tercer acto se avecina. En el plan de Dios, la confusión y la crisis le ceden el paso a la conquista. Los inviernos no duran para siempre. Los árboles pronto florecerán. La nieve pronto se derretirá. La primavera se halla a la vuelta del calendario. Por lo que sabemos, la mano de Dios está a punto de pasar la página.

El titular del libro
de Ester dice: *El*
alivio vendrá...
¿serás parte de él?

PRIMER ACTO

CONFUSIÓN

LA FE EN UN MUNDO INCRÉDULO

*L*a pareja se sentó a la mesa sin hablar. Él picoteaba el guiso de lentejas y cordero en su plato. Ella miraba la comida en el suyo.

—No has probado ni un bocado —dijo él finalmente—. Tienes que comer.

—No tengo hambre.

Él comenzó a objetar, pero después lo pensó mejor. Observó su rostro joven, iluminado por las velas. Piel de seda. Pómulos prominentes. Ojos marrones salpicados con un toque dorado.

—Ester —dijo suavemente—, es el mejor plan.

Ella levantó su rostro para mirar el de él. Sus ojos se habían llenado de humedad, listos para desbordarse.

—Pero ellos sabrán. Lo descubrirán.

—No si tienes cuidado. No digas mucho. No ofrezcas nada. Pasa desapercibida.

Los ojos de ella pedían ayuda.

—Nuestro pueblo va a la deriva aquí en Susa. Nadie se acuerda de Jerusalén. Nadie recuerda el templo. Tus padres, bendita sea su memoria, vivieron y murieron en Persia. Nosotros haremos lo mismo. Lo mejor es que saquemos el mayor provecho.

—Pero él me exigirá demasiado.

Mardoqueo pasó sus dedos por su cabello canoso y luego extendió su brazo a través de la mesa para tomar la mano de ella.

—No tenemos opción. El rey emitió la orden. Los soldados vendrán por ti mañana. El edicto es inevitable.

Mardoqueo suspiró, se paró y caminó hasta la ventana. Desde su casa en la ciudadela podía escuchar vagamente las oraciones de la tarde y ver las luces parpadeantes de Al-Yahudu, el pueblo de los habitantes de Judea, una comunidad segregada de judíos. Él miraba con frecuencia hacia la ciudad, pero rara vez la visitaba. Sus residentes no lo entendían. Él, con su posición en la corte. Él, con su identidad enterrada. Él, con su fe escondida.

Y él no los entendía a ellos. ¿Acaso una persona no puede manejar más de una lealtad? Una concesión aquí. Un secreto allá. Falsificar algunos datos. ¿Quién se va a enterar?

—Además, Ester —dijo mientras se volvía a mirarla—, esta podría ser nuestra oportunidad. ¿Quién sabe las puertas que se nos abrirán?

—Sí, pero ¿quién sabe lo que perderemos en el proceso?

Ella se levantó y se unió a él en la ventana.

Mardoqueo puso su brazo sobre los hombros de ella y susurró:

—El Señor estará contigo, y yo también.

Capítulo dos

NO TE SIENTAS A GUSTO EN PERSIA

Échale la culpa al calor repentino. Échale la culpa al agradable espectáculo de los brotes en los árboles. Échale la culpa a un ímpetu del amor joven.

Pero sobre todo, échale la culpa a un caso grave de estupidez.

Ella y yo estábamos en la universidad. Habíamos salido una o dos veces y sentido una chispa o dos. Podías respirar la primavera. El cielo gris finalmente se había quitado su chaqueta nublada. El cielo del sábado en la tarde era azul, y la brisa era cálida. Condujimos por el campo con las ventanas abajo y el ánimo arriba. ¿El paseo fue planeado o espontáneo? No recuerdo. Lo que sí recuerdo son los campos de trigo de invierno. Tan exuberantes. Tan verdes. Tan tentadores.

Estoy seguro de que el juego fue mi idea. Soy algo propenso a la locura espontánea. Una vez intenté impresionar a una muchacha saltando a un río, solo para descubrir que tenía tres pies de profundidad. Fue buena idea no lanzarme en un clavado. Me hundí en el lodo hasta los tobillos.

Pero regresemos al trigal. ¿Mencioné ya su belleza? Era una alfombra color verde olivo. ¿Mencioné que el romance estaba comenzando a florecer? Ella era para mí. Yo para ella. Así que cuando sugerí que correteáramos descalzos por el trigal, estaba pensando en tomarnos de la mano, dar saltitos y quién sabe... ¿tal vez un primer beso?

Detuve el auto. Nos quitamos los zapatos y las medias y brincamos la cerca, esperando aterrizar en el equivalente de un colchón suave. Sin embargo, por desgracia, nos habían engañado.

Los campos de trigo de invierno son verdes en la superficie, pero rocosos y pegajosos abajo. Después de tres o cuatro pasos nos detuvimos repentinamente. Ella me fulminó con una mirada del tipo «¿qué rayos estabas pensando?». Regresamos por donde vinimos, y mi ego estaba tan magullado como nuestros pies. Aquel fue el principio del fin para nosotros. El día en que el amor murió en un trigal al oeste de Texas. (Suena como una canción country).

Has cometido el mismo error. No en un trigal, pero sí en la vida. Has sido engañado. Embaucado. Estafado. Atraído a un campo verde solo para darte cuenta de que era un lecho de espinas.

¿Recuerdas cuando las luces brillantes te llevaron a noches solitarias? ¿Cómo la promesa de dinero fácil te llevó a un callejón sin salida de deudas? ¿Recuerdas cuando él te llevó a su cama o ella te convenció de que te amaba? No terminaste con los pies ensangrentados, pero sí con un corazón roto o una cuenta bancaria en cero y, espero, una lección aprendida: las cosas no siempre son lo que parecen. Lo que es demasiado bueno para ser cierto, por lo general lo es.

> Los tiempos difíciles pueden provocar malas decisiones.

Esta es una palabra para los sabios. Y es una advertencia relevante para los que están atrapados en el invierno. Los tiempos difíciles pueden provocar malas decisiones. Perdemos el rumbo. Olvidamos el llamado de Dios. Intercambiamos nuestras convicciones por las luces brillantes de Persia. Esta fue la tentación que enfrentaron los judíos.

La historia comienza de esta manera:

En el tercer año de su reinado [de Jerjes] ofreció un banquete para todos sus funcionarios y servidores, al que asistieron los jefes militares de Persia y Media, y los magistrados y los gobernadores de las provincias. (Ester 1:3)

La excusa de Jerjes para este fastuoso acontecimiento era persuadir a los nobles, oficiales, príncipes, gobernadores y líderes militares para que apoyaran su campaña contra los griegos.[1] La ciudadela, su sede de poder, se elevaba sobre la ciudad. Era visible a kilómetros de distancia. Su inmensidad enviaba un mensaje: por estos corredores camina un rey importante. «¡Escuchadle!».

Jerjes tenía treinta y cinco años de edad y su riqueza era inimaginable. En su palacio lucían «cortinas blancas y azules, sostenidas por cordones de lino blanco... También había sofás de oro y plata sobre un piso de mosaicos de pórfido, mármol, madreperla y otras piedras preciosas» (Ester 1:6). En el vestíbulo del palacio había treinta y seis columnas, de veintiún metros de altura. Cada columna estaba coronada con esculturas de toros gemelos, las cuales soportaban las inmensas vigas de madera del techo.[2] Hasta el piso de mosaicos era una obra de arte. Cuando Alejandro Magno entró en el palacio de Susa un siglo después, descubrió, en dólares de hoy en día, el equivalente a $54,500 millones de dólares en lingotes y 270 toneladas de monedas de oro acuñadas.[3] Jerjes no tenía problemas de dinero.

Él les prometió riqueza y recompensas a todos los guerreros dispuestos. Y para probar que cumpliría su promesa, organizó un espectáculo tipo Las Vegas que duró seis meses. «Durante ciento ochenta días les mostró la enorme riqueza de su reino y la esplendorosa gloria de su majestad. Pasado este tiempo, el rey ofreció otro banquete, que duró siete días, para todos los que se encontraban en la ciudadela de Susa, tanto los más importantes como los de menor importancia. Este banquete tuvo lugar en el jardín interior de su palacio» (Ester 1:4-5).

Era un *Mardi Gras* lleno de bebida y comida. Invitados de cien puestos y puertos. Funcionarios, personas influyentes y aspirantes socializaron, se codearon unos con otros y se dieron gusto. Banquetes en una docena de mesas. El vino era agua. Todo el mundo bebía cuanto quería, y luego bebían un poco más. Seis meses de comida gourmet, quién es quién, vino y excesos. Jerjes presidió todo el acontecimiento.

Sin embargo, hacia el final del carnaval, el rey comenzó a mostrar su verdadera naturaleza. Después de 187 días de festejo, cuando «a causa del vino... estaba muy alegre» (Ester 1:10), mandó a buscar a la reina Vasti. Algo entonado, Jerjes decidió que alardearía de su esposa. Ella «realmente era muy hermosa» (Ester 1:11). Al parecer él esperaba que ella bailara frente a sus amigos de la fraternidad y los dejara fascinados en una nube de perfume.

Según el Midrash, un antiguo comentario sobre Ester, Jerjes le pidió a su reina que entrara en el salón llevando nada más que una corona.[4] Ese detalle no puede confirmarse. Sin embargo, esto sí es cierto: no invitó a Vasti para escuchar su opinión sobre asuntos de estado. Él quería presumir de ella frente a sus colegas de póquer.

Persia no era un lugar seguro para una mujer. Todas ellas, incluyendo a la reina, eran propiedad. Vasti pasaba la mayor parte de su tiempo encerrada en alguna esquina, donde la mimaban y la arreglaban para su siguiente presentación ante el rey. Ella era un accesorio, nada más, un trofeo en su vitrina. Su única función era hacer que Jerjes luciera poderoso e importante.

¡Vaya sorpresa que le esperaba al rey! Vasti se negó a obedecer. ¿Pavonearse frente a un montón de borrachones? No gracias. (¡Bien hecho, Vasti!)

«Esto contrarió mucho al rey, y se enfureció» (Ester 1:12).

Aquí puedes esbozar una sonrisa. Al grande, fuerte y multimillonario Jerjes, gobernante sobre 127 provincias,[5] poderoso jefe supremo que controlaba el mundo, lo acabó su esposa. Él había pasado seis meses triunfando, comiendo y flexionando sus músculos. Sin embargo, la última noche lo hicieron lucir como un blandengue frente a sus compañeros de copas. Cuando el rey alardeó, su incompetencia apareció. Esto lo tomó tan desprevenido que convocó a una junta. Reunió a sus siete (apenas sobrios) asesores y les dijo: «Bien... ¿qué se supone que haga?».

Unos asesores sabios habrían instado al rey a resolver el asunto en privado. Le habrían recordado que seis meses de vino pueden empañar la mente y le habrían sugerido que esperara hasta que su cerebro se despejara un poco. Pero Jerjes había sido bendecido con unos miembros de gabinete que aparentemente eran tan necios y borrachos como él. Ellos se juntaron, discutieron el asunto, y presentaron este extraño informe:

> La reina Vasti no solo ha ofendido a Su Majestad, sino también a todos los funcionarios y a todos los pueblos de todas las provincias del reino. Porque todas las mujeres se enterarán de la conducta de la reina, y esto hará que desprecien a sus esposos, pues dirán: «El rey Asuero mandó que la reina Vasti se presentara ante él, pero ella no fue». (Ester 1:16-17)

Puedo oler el miedo en esas palabras: «Compañeros, tenemos que actuar. Tenemos que hacer algo. Si no, el mundo podría salirse de su eje».

Las mujeres comenzarán a pensar por ellas mismas.
Los hombres tendrán que ser amables con sus esposas.
¡Las hijas imaginarán una vida fuera de la cocina!
¿Cómo evitar semejante tragedia? Destierren a Vasti.

> Por lo tanto, si le parece bien a Su Majestad, emita un decreto real, el cual se inscribirá con carácter irrevocable en las leyes de Persia y Media: que Vasti nunca vuelva a presentarse ante Su Majestad, y que el título de reina se lo otorgue a otra mejor que ella. Así, cuando el edicto real se dé a conocer por todo su inmenso reino, todas las mujeres respetarán a sus esposos, desde los más importantes hasta los menos importantes. (Ester 1:19-20)

¿En qué planeta nacieron estos hombres? ¿Quién le añadió estupidez a su vino? ¿Eran realmente tan ciegos, tan arrogantes? ¿Estaban tan desconectados de la naturaleza humana que pensaban que un edicto engendraría la devoción de un género? ¿Y estos hombres supervisaban las operaciones del imperio más grande del mundo? Un montón de vándalos de vestidores es lo que eran.

El alarde de importancia de Jerjes (fiesta, posesiones, poder) se convirtió en el despliegue de la ignorancia de Jerjes (mal genio, indecisión, locura). A pesar de todo su pavoneo y arrogancia, Jerjes no era más que un tonto misógino.

¿Ves la ironía? ¿Sacudes tu cabeza ante la locura? ¿La respuesta de Jerjes provoca que gires los ojos con indignación? Si es así, la misión del autor se cumplió. La historia del insolente Jerjes y la historia de mi juego en un campo de trigo de invierno postulan la misma posibilidad. ¿Qué tal si la pompa y el glamour son solo locuras y debilidades? ¿Qué tal si el encanto de las luces es un engaño? Todas las alfombras rojas. Todas las fotos en las redes sociales. Todas las fiestas elegantes y los clubes con membresía solo por invitación. ¿Qué tal si toda la fanfarria y la presuntuosidad son un campo inmenso de trigo de invierno?

No juegues en él.

No te tragues el cuento.

No te creas el truco.

No muerdas el anzuelo.

No te dejes engañar.

No te sientas a gusto en Persia.

Mantente fiel a tu llamado como una persona del pacto.

Para un poco más de contexto, ampliemos el lente. ¿Tienes tiempo para algunos párrafos sobre la historia hebrea?

Cuando Dios le pidió a Abraham que saliera de Ur, hizo un pacto —una promesa— de que Abraham sería el padre de una nación santa. «Bendeciré a los que te bendigan y maldeciré a los que te maldigan; ¡por medio de ti serán bendecidas todas las familias de la tierra!» (Génesis 12:3).

¿Cómo exactamente bendeciría Dios al mundo a través de Israel? Primero, ellos modelarían un estilo de vida que reflejaba la gloria y la bondad de Dios. A diferencia de los depravados, promiscuos y violentos cananeos a su alrededor, ellos adorarían a su Creador, amarían a sus prójimos y honrarían a sus familias. Segundo, proveerían el linaje a través del que nacería Jesucristo, la bendición global más grande de todas. Los hijos de Israel eran los curadores y los cuidadores del pacto de Dios con Abraham.

Por esta razón tenían que mantenerse separados. Diferentes. Santos. Apartados. No se les permitía casarse con no judíos, adorar a los dioses paganos ni aceptar la cultura pagana. Ellos tenían maneras distintas de adorar, vivir y amar.

¿Lograron mantenerse separados? A veces, maravillosamente, sí. (Piensa en Josué heredando la tierra prometida). A veces, miserablemente, no. (Piensa en la larga fila de reyes corruptos, cada uno más malvado que el anterior). A la larga, el pueblo se olvidó tanto de su Dios que él usó el exilio para llamar su atención.

En el 586 A. C., los babilonios saquearon Jerusalén y deportaron a alrededor de diez mil personas de la crema y nata de la ciudad. En el 539 A. C., los persas saquearon a los babilonios. Cuando nos encontramos con Mardoqueo y Ester, los judíos estaban a tres generaciones y a más de mil seiscientos kilómetros de distancia de sus días en Jerusalén.

Es difícil imaginar que alguno de ellos recordara la vida en su tierra natal. Estaban rodeados por los persas. Escuchaban a diario las pisadas de los soldados y las ruedas de las cuadrigas. Los comerciantes hacían negocios con los que no eran judíos. Los agricultores les vendían sus productos a los persas. Vivían entre la opulenta riqueza y los templos perfumados de un pueblo extranjero. Es más, los judíos más fervientes habían aprovechado la oportunidad para regresar a Jerusalén con Zorobabel[6] o con Esdras.[7]

Los judíos que se quedaron en Persia *escogieron* quedarse en Persia. El exilio los había tratado bien. Tenían buenos trabajos, posiciones seguras. Algunos eran más persas que hebreos. Para disfrutar del éxito y las riquezas de las personas de Susa, lo único que tenían que hacer era jugar bien sus cartas, obedecer las reglas y perderse entre la estructura cultural.

A diferencia de otros libros del Antiguo Testamento que describen a los judíos instalándose o ya establecidos en la tierra prometida, Ester presenta a un pueblo que se encuentra distante de su tierra. Jerusalén estaba muy lejos, y Persia era, bueno, tan relevante, tan exuberante, tan apetecible. Era un campo de trigo gigantesco. El autor no usó mi metáfora, pero la habría apreciado. El punto del primer capítulo de Ester es simplemente este: Persia te está mintiendo.

¿Necesitamos el mismo recordatorio? La tarea asignada a los judíos ahora es nuestra. Dios exhibe su gloria y bondad a través de la iglesia. Cuando adoramos a Dios, amamos a nuestros prójimos y valoramos a nuestras familias, nos convertimos en anunciadores del mensaje de Dios.

Nosotros, también, somos cuidadores. Cuidadores del mensaje de Jesús. Él nació del linaje de los judíos. Hoy en día, él nace a través de las vidas de sus santos. Cuando tú y yo vivimos nuestra fe, lo presentamos a una cultura hambrienta de fe. Nosotros tenemos la esperanza que este mundo necesita.

No obstante, a veces se nos olvida nuestro llamado. Necesitamos este recordatorio: Persia nos está mintiendo. No quiero ser tan terminante, pero, una vez más, lo soy. Las industrias de miles de millones de dólares quieren atraerte con engaños a estilos de vida que te dejarán herido y agotado.

¿Ejemplos? Veamos este. *La pornografía es una expresión inofensiva de la sexualidad.* ¿De veras? Es tan adictiva como las drogas y el alcohol.[8] Cambia la composición del cerebro.[9] ¿Qué me dices del tráfico sexual que fomenta, la violencia que engendra? Sin embargo, el mensaje que susurran los traficantes de la pornografía a los que no sospechan nada es: «No te hará daño. Es solo sexo».

Mentirosos.

Cuando adoramos a
Dios, amamos a nuestro
prójimo y valoramos
a nuestras familias,
nos convertimos en
anunciadores del
mensaje de Dios.

O este otro. *Quien muera con más juguetes gana.* Eres lo que posees, así que posee lo más que puedas. Asume la obligación. Pide prestado el dinero. Amárrate a una hipoteca que estrangule tu presupuesto; todo vale la pena. El estadounidense promedio tiene más de $145,000 en deuda, y esto incluye por lo menos $7,000 en deudas de tarjetas de crédito.[10] Adoramos las posesiones, con la esperanza de que las posesiones nos hagan sentir vivos. ¿Pero tu Hacedor? Él te dice la verdad: «No acumulen para sí tesoros en la tierra, donde la polilla y el óxido destruyen... Más bien, acumulen para sí tesoros en el cielo» (Mateo 6:19-20).

He aquí otra falsedad. *Un par de tragos te ayudarán a reducir la intensidad del día. ¿Qué hay de malo en eso?* Según la maquinaria publicitaria detrás de la industria del licor la respuesta sería: «Absolutamente nada».

«Disfruta la buena vida», dice la cerveza Miller.

«Encuentra tu playa», nos invita Corona Extra.

«La hora más feliz en la tierra», presume Jameson Whiskey.

«Un trago de aventura», afirma Tequila José Cuervo.[11]

Sin embargo, detrás de los atractivos comerciales se esconde el lado oscuro del abuso del alcohol. El consumo excesivo de alcohol le pasa factura al cuerpo, la salud mental, los matrimonios, el trabajo, las amistades, la productividad y el embarazo.[12]

La lista de mentiras podría llenar capítulos. Los engaños sobre la identidad, la raza y el pluralismo. Están por todos lados. Y sus consecuencias son devastadoras.

Al momento de escribir estas líneas, la depresión va en ascenso,[13] las solicitudes de divorcio aumentan en 34 % año tras año,[14] las llamadas a líneas directas de salud mental se han incrementado en 891 %,[15] y tenemos la incidencia de suicidios más alta que ha existido desde la Segunda Guerra Mundial.[16] Una de cada cuatro personas entre las edades de dieciocho a veinticuatro años consideró el suicidio en los treinta días previos a ser encuestados.[17]

¿Cómo el pueblo de Dios vive en una sociedad sin Dios? ¿Se integra y asimila? No, este es el momento de sobresalir y ayudar. Fuimos creados para un momento como este.

Durante mis días con los Niños Exploradores me gané una insignia al mérito por primeros auxilios. Podían contar conmigo para vendar un tobillo torcido o una rodilla raspada. En una de nuestras reuniones festivas, que duraban todo el día, me asignaron a la tienda de primeros auxilios. Al principio estaba emocionadísimo. Me coloqué el brazalete de primeros auxilios y me paré bajo la bandera de primeros auxilios. Me sentía importante. Sin embargo, mientras estaba parado afuera, mirando de lejos las actividades, comencé a sentirme excluido. Los otros niños exploradores estaban corriendo, nadando, compitiendo, jugando. ¿Y Max? Yo estaba parado frente a la tienda. Quería quitarme el brazalete y unirme a la diversión. El líder de la tropa escuchó mi queja y me recordó: «Tienes un lugar especial aquí. Necesitas ser diferente. Esta tienda es el lugar para los niños lastimados».

Así que me mantuve en mi puesto.

¿Te mantendrás en el tuyo?

No es momento de estar jugueteando en Persia.

> Este es el momento de sobresalir y ayudar. Fuimos creados para un momento como este.

Pero ustedes son linaje escogido, real sacerdocio, nación santa, pueblo que pertenece a Dios, para que proclamen las obras maravillosas de aquel que los llamó de las tinieblas a su luz admirable. Ustedes antes ni siquiera eran pueblo, pero ahora son pueblo de Dios; antes no habían recibido misericordia, pero ahora ya la han recibido.

Queridos hermanos, les ruego como a extranjeros y peregrinos en este mundo que se aparten de los deseos pecaminosos que combaten contra la vida. Mantengan entre los incrédulos una conducta tan ejemplar que, aunque los acusen de hacer el mal, ellos observen las buenas obras de ustedes y glorifiquen a Dios en el día de la salvación. (1 Pedro 2:9-12)

Fuiste creado para mucho más que reyes malhumorados y fiestas ostentosas. Fuiste creado para servir al Dios todopoderoso y ser un templo de su Espíritu Santo. Persia no ofrece nada. Hollywood no puede satisfacer tus necesidades. La Avenida Madison hace grandes promesas, pero deja a las personas desnudas de esperanza. Una vida sin Dios no es una vida que merezca vivirse.

> Fuiste creado para mucho más que reyes malhumorados y fiestas ostentosas. Fuiste creado para servir al Dios todopoderoso y ser un templo de su Espíritu Santo.

¿Verán esto Mardoqueo y Ester? Como reparto en una historia hedonista, ¿resistirán la seducción? ¿Cuál triunfará, la fe o la fachada? La respuesta podría sorprenderte. La respuesta podría *advertirte*. Los héroes de la Biblia no siempre comienzan así. Como tú y yo, han sido conocidos por jugar en el lado equivocado de la cerca.

No quiero revelar los detalles del próximo capítulo, pero basta con decir que nuestros personajes principales pronto tendrán los pies magullados.

Capítulo Tres

LA JOVEN CON DOS NOMBRES

engo dos preguntas para plantear en el cielo. No son quejas, porque no tendremos quejas. Y no estoy seguro de si tendremos preguntas. Si es así, quisiera que me aclararan dos asuntos: los mosquitos y la escuela de enseñanza media. ¿Era cualquiera de los dos necesario? ¿Acaso el mundo no habría sido mejor sin esas pequeñas sabandijas chupa sangre y esos años intermedios y desbalanceados de la escuela de enseñanza media?

Yo era un *nerd* de adolescente. Era terriblemente tímido. Si me hubieras pedido que escogiera entre charlar con una chica y un conducto radicular, habría ido al dentista. Tenía dos amigos que eran ratones de biblioteca. No éramos los muchachos más populares. No vestíamos con estilo ni hablábamos usando la jerga de moda. Nosotros estudiábamos. De hecho, hacíamos competencias para ver quién sacaba las mejores notas. Nos sentábamos en primera fila en todas las clases. Usábamos —aguanta tu regla de cálculo— ¡protectores de bolsillo! Éramos *nerds*. No tenía problema con esto hasta que uno de los genios se mudó y el otro consiguió una ruta para repartir periódicos, y tan rápido como puedes decir «solo», así me quedé. Con mis granitos, larguirucho y socialmente torpe.

Tenía una cosa a mi favor: podía jugar béisbol. No de manera excelente, pero sí lo suficientemente bien como para que mi padre me convenciera de hacer una prueba para la Liga Pony y lo suficientemente bien para que me seleccionaran. La Liga Pony, en caso de que no lo sepas, abarca esos años difíciles entre las Ligas Pequeñas y la secundaria. Yo era un recién llegado a un equipo de estudiantes del séptimo y octavo grado.

El primer día de práctica fue un día frío de marzo. El viento de invierno mantenía la primavera a raya. Un viento del norte hizo descender el mercurio y dobló los árboles que apenas estaban floreciendo. Mamá me dio una sudadera para que la usara. Tenía el emblema de Abilene Christian College, una institución excelente de bellas artes liberales de la cual se habían graduado mis hermanas y donde con el tiempo yo también me graduaría. Ya estaba en el auto de camino a la práctica —mi primera práctica con estudiantes de último año— cuando tomé la sudadera y vi las palabras «Abilene Christian». Me sentí mortificado. No podía llegar a la práctica con una camisa que llevara el nombre «cristiano». Los muchachos chéveres no son cristianos. El grupo popular no es cristiano. No podía debutar como cristiano. Las probabilidades ya estaban en mi contra. Era un sabelotodo y un novato.

La confesión de lo que hice después podría resultar en mi expulsión del ministerio. Cuando mamá me dejó en la práctica, esperé hasta que estuviera fuera de mi vista, y entonces me quité la sudadera. La enrollé hasta formar una bola y la escondí cerca de la valla trasera. En vez de arriesgarme a que los compañeros de mi equipo no me aceptaran, escogí temblar con mis mangas cortas.

No, no me siento orgulloso de mi decisión. El apóstol Pablo le estaba hablando a la versión de enseñanza media de Max cuando escribió: «No se amolden al mundo actual, sino sean transformados mediante la renovación de su mente» (Romanos 12:2).

Podemos amoldarnos o ser transformados. Aquel día elegí enrollar la sudadera.

Ester y Mardoqueo hicieron lo mismo. Disfrazaron su identidad. Se amoldaron.

¿Te incomoda oírme decir eso? Tendemos a ver a Ester y Mardoqueo como personas firmes. Ella, la versión femenina de Daniel. Él, un Paul

Revere de acero. Ellos nunca flaquearon, nunca tropezaron, nunca eludieron su deber. Salvaron a la nación judía, por el amor de Dios. Que esculpan sus rostros en el Monte Rushmore judío. Asumieron una postura valiente.

Pero no antes de que no lo hicieran.

Los personajes bíblicos son complicados. No son figuras de fieltro unidimensionales que encajan fácilmente en el cajón del currículo de la escuela dominical. Moisés fue un asesino antes de ser un liberador. José fue un gamberro antes de ser un príncipe. Sí, el apóstol Pedro proclamó a Cristo en el día de Pentecostés. Pero también negó a Cristo en la víspera de la crucifixión. Los personajes de la Biblia era exactamente eso: personas. Gente real. Como tú. Como yo. Y, como tú y yo, tuvieron sus buenos momentos, y, bueno, también los conocieron por esconder su fe.

> Podemos amoldarnos o ser transformados.

El capítulo 2 de Ester comienza con la frase «pasadas estas cosas».

> Pasadas estas cosas, sosegada ya la ira del rey Asuero, se acordó de Vasti y de lo que ella había hecho, y de la sentencia contra ella.
> (Ester 2:1, RVR1960)

«Pasadas estas cosas». ¿Después de qué cosas? ¿Qué sucesos ocurrieron entre los capítulos uno y dos? Encontramos una pista para la respuesta más adelante en el texto. «Llevaron a Ester ante el rey Jerjes, en el palacio real, a comienzos del invierno del séptimo año de su reinado» (Ester 2:16, NTV).

Nuestra historia comenzó «en el tercer año de su reinado» (1:3). Han pasado cuatro años desde que Vasti humillara a Jerjes. Durante esos cuatro años, Jerjes hizo un ambicioso, pero desastroso intento de invadir a Grecia. Es fácil imaginarlo agotado y desanimado. A su regreso «se acordó de Vasti». Se dio cuenta de que no tenía una reina. Cruzó el portón dorado y no encontró unos brazos extendidos. No había una esposa que lo consolara o le ofreciera aliento. Tal vez fue su ego herido lo que lo motivó a escuchar a sus consejeros para reemplazar a Vasti con «otra mejor que ella» (1:19), lenguaje en clave para designar a alguien que dijera presente, se quedara callada e hiciera lucir bien al rey.

Se impartió la orden de reclutar a las vírgenes más bellas del vasto imperio para que Jerjes pudiera hacer su elección. Los estimados del número de candidatas van desde 400 a 1,460.[1] Los relatos de las clases bíblicas sobre este decreto no describen sus atrocidades. No se les pedía a las jóvenes que amaran al rey, solo que lo entretuvieran. Las candidatas, inexpertas y sin duda aterrorizadas, abandonaban sus aspiraciones y sueños personales por los caprichos de un monarca inseguro. Si no la seleccionaban, la joven pasaría el resto de su vida siendo una de sus concubinas. No podría regresar con su familia. Solo vería al rey cuando él lo pidiera. Los hijos que concibiera con él serían criados para servir en la corte, pero no serían considerados como herederos al trono.[2] Nunca se acostaría con otro hombre para que el rey no corriera el riesgo de que otro hombre, en la oscuridad de la noche, escuchara que era mejor amante que Jerjes.[3]

Repugnante, lo sé.

En este guiso tóxico llamado Persia cayeron un judío llamado Mardoqueo y su prima Jadasá.

> En la ciudadela de Susa vivía un judío de la tribu de Benjamín, llamado Mardoqueo hijo de Yaír, hijo de Simí, hijo de Quis, uno de los capturados en Jerusalén y llevados al exilio cuando Nabucodonosor, rey de Babilonia, se llevó cautivo a Jeconías, rey de Judá. (Ester 2:5-6)

Tú y yo leemos ese párrafo sin ninguna reacción. Tal vez comentemos sobre los nombres difíciles de pronunciar, pero eso es todo. Sin embargo, ¿y para los judíos después del exilio? ¿Entrenados en las leyes de la Torá? ¿Educados para valorar su identidad como el pueblo del pacto de Dios? Ese párrafo levantaría algunas cejas y plantearía varias preguntas.

Por ejemplo, ¿por qué Mardoqueo estaba en la ciudadela de Susa? Vivir en la ciudadela sería el equivalente a vivir en la Colina del Capitolio en Estados Unidos. La fortaleza era el epicentro de la influencia y el gobierno persa. La mayoría de los judíos, como exiliados que eran, vivían lejos de la ciudadela, alejados del centro del poder y la política persas. Mardoqueo no solo vivía en la ciudadela, sino que «estaba de guardia en la puerta del rey» (2:21, NTV).

¡Él trabajaba para Jerjes! Mardoqueo se ubicó justo en el centro de la espesura política. Repito, entre nosotros y él hay dos mil quinientos años y miles de páginas de historia de distancia. No es gran cosa. Bien hecho, Mardoqueo. Alcanzaste muchísimo éxito en una tierra extranjera. No obstante, ¿y para los judíos? Esto sí era la gran cosa. Recuerda, ser judío significaba ser llamado y apartado. Sin embargo, Mardoqueo estaba en la nómina de un rey pagano.

¡Y si eso fuera poco, tenía un nombre pagano! «Mardoqueo» es una adaptación de «Marduk», un dios persa.[4] El teónimo de Mardoqueo conmemoraba a un dios extranjero. ¿Crees que un judío en nuestro tiempo llamaría Mohammed a su hijo? ¿Acaso un judío temeroso de Dios hoy día trabajaría para el ejército iraní? Poco probable. Entonces, ¿cómo explicas que un judío llevara el nombre de una deidad pagana y estuviera en la nómina persa?

Tal vez encontremos una respuesta si regresamos a las palabras difíciles de pronunciar. Mardoqueo era «hijo de Yaír, hijo de Simí, hijo de Quis, uno de los capturados en Jerusalén y llevados al exilio cuando Nabucodonosor, rey de Babilonia, se llevó cautivo a Jeconías, rey de Judá» (2:5-6). Mardoqueo era la tercera generación que vivía fuera de Jerusalén, tiempo más que suficiente para que las líneas que distinguían a los hebreos se desvanecieran. Haciendo honor al nombre que le habían dado, Mardoqueo vivía sus convicciones en clandestinidad. Había enrollado la sudadera y la había escondido cerca de la valla trasera.

Él le pidió a Ester que siguiera su ejemplo.

> Mardoqueo tenía una prima llamada Jadasá. Esta joven, conocida también como Ester, a quien había criado porque era huérfana de padre y madre, tenía una figura atractiva y era muy hermosa. Al morir sus padres, Mardoqueo la adoptó como su hija. (Ester 2:7)

Jadasá proviene de la palabra hebrea para mirto. Según algunos comentarios rabínicos, *mirto* implica «justo».[5] El nombre es apropiado. Jadasá pronto asumiría una posición justa.

Sin embargo, ella también se llamaba Ester, por deferencia a la diosa persa Ishtar.[6] ¿Cómo recibió este nombre? ¿Y cómo explicamos la decisión de Mardoqueo de inscribir a Ester en el concurso para ser reina de Persia?

En el momento de conocer a Jerjes, recordarás que desterró a Vasti porque se negó a comportarse como su «esposa trofeo». Luego les pidió a todas las jóvenes hermosas de Persia que solicitaran la posición ahora vacante.

> Cuando se proclamaron el edicto y la orden del rey, muchas jóvenes fueron reunidas en la ciudadela de Susa y puestas al cuidado de Jegay. Ester también fue llevada al palacio del rey y confiada a Jegay, quien estaba a cargo del harén. La joven agradó a Jegay y se ganó su simpatía... Ester no reveló su nacionalidad ni sus antecedentes familiares, porque Mardoqueo se lo había prohibido. (Ester 2:8-10)

Resumamos esto. Mardoqueo ocultó su herencia y le enseñó a su joven prima a hacer lo mismo. La inscribió en un concurso para solteras, sabiendo que la competencia incluía una noche en la cama de un rey gentil. Le pidió que le hiciera pasar al rey un buen rato y que mantuviera su nacionalidad en secreto. Ella obedeció.

¿Qué rayos está pasando aquí?

Igual que los babilonios antes que ellos, los persas eran politeístas y no les exigían a los pueblos conquistados que dejaran de adorar a sus dioses. Adelante, les decían. Sacrifiquen a sus vacas, oren a su luna, inclínense ante su diosa; ahora bien, también tienen que adorar a los dioses de Persia.

Esto resultó problemático para los judíos. Según su Torá solo había un Dios. Todos los judíos que merecían su pan ázimo citaban el shema dos veces al día: «Escucha, Israel: El Señor nuestro Dios es el único Señor. Ama al Señor tu Dios con todo tu corazón y con toda tu alma y con todas tus fuerzas. Grábate en el corazón estas palabras que hoy te mando» (Deuteronomio 6:4-6). Ellos debían adorar solo a Jehová Dios y no tener otro dios delante de él. Entonces, ¿cómo debían comportarse en Persia? La pregunta del salmista es la pregunta del libro de Ester. «¿Cómo cantar las canciones del Señor en una tierra extraña?» (Salmos 137:4). ¿Cómo una persona de fe vive en un mundo incrédulo?

La respuesta inicial de Mardoqueo y Ester fue ocultar y hacer concesiones. La mantequilla suave de sus convicciones derretida contra el tibio cuchillo del pragmatismo.

¿Por qué arriesgarse a enojar al rey?

¿Qué beneficio tiene revelar la verdad?

Puedo adorar a los dioses persas y a Dios, ¿cierto?

Puedo cambiar mi nombre y trabajar para el rey, ¿cierto?

Puedo mantener escondida mi identidad y acostarme con el rey, ¿cierto?

Ellos crearon un mundo de identidad escondida. Mardoqueo mantuvo en secreto su genealogía hebrea. Ester participó en el concurso para la búsqueda de una reina sin divulgar que era una hija de Abraham.

Al momento en que nos encontramos con Mardoqueo y Ester, han enterrado su identidad judía bajo varias capas de concesiones.

Esto me hace pensar en otra pregunta para hacer en el cielo. Además de clarificar el asunto de los mosquitos y la escuela de enseñanza media, me gustaría tener un momento con el Sr. Mardoqueo. «¿Por qué lo hiciste?», le preguntaría. «¿Por qué permitiste que se la llevaran? Sabías lo que sucedería. La arreglarían para una noche y luego perdería su virginidad a manos de un salvaje. A menos que fuera seleccionada como reina, pasaría el resto de su vida como una concubina encerrada. ¿Cuántas leyes de la Torá violaste?».

Me imagino que Mardoqueo respondería de una de dos maneras.

- «Max, no estabas allí. No entiendes lo loco que estaba Jerjes. Era un dictador caprichoso y psicótico. De esta forma, mi querida Ester por lo menos estaría a salvo. Por eso le pedí que no le dijera a nadie que era judía. Quería protegerla».

O...

- «Max, tú no entiendes. Todo esto era parte de mi plan. Yo trabajaba en el palacio. Me hice amigo de Jegay, el jefe del harén. Le hablé de ella y a ella de él. Pusimos todo en marcha. Pero si él hubiera conocido su nacionalidad...».

Aunque pensándolo bien, Mardoqueo también podría decirme: «Lucado, ¿quién eres tú para cuestionarme? Tú fuiste el que se sintió demasiado avergonzado como para usar la sudadera».

Y su respuesta estaría justificada. La compulsión por esconder nuestra identidad como hijos de Dios nos afecta a todos. No en Persia, sino en el trabajo, la escuela, la liga de bolos y la Liga Pony. Sin embargo, en algún momento todos tenemos que descubrir quiénes somos y lo que esa identidad significa para nuestras vidas.

Nosotros enfrentamos una tentación idéntica a la de Mardoqueo y Ester. Nuestra sociedad permite todas las creencias, excepto una que sea exclusiva. Haz lo que quieras siempre y cuando aplaudas lo que hacen todos los demás. El valor indiscutible de la cultura occidental es la tolerancia. Irónicamente, los campeones de la tolerancia son intolerantes con una religión como el cristianismo, que se adhiere a un Salvador y a una solución para el problema humano. Creer en Jesús como el único Redentor es provocar la ira de Persia.

> La compulsión por esconder nuestra identidad como hijos de Dios nos afecta a todos.

¿Acaso no enfrentamos la tentación de quitarnos la sudadera? En momentos como esos, el mensaje de Dios es claro: recuerda tu nombre. «¡Miren! Dios el Padre nos ama tanto que la gente nos llama hijos de Dios, y la verdad es que lo somos» (1 Juan 3:1, TLA).

Todos los padres que han enviado a un hijo a un campamento, una clase o la universidad conocen el miedo del momento de la despedida que deja la boca seca. Tratamos frenéticamente de encontrar las palabras. ¿Qué consejo puedo darle? ¿Qué palabras sabias antes de que se vaya? Aunque las palabras toman muchas formas distintas, la mayoría de ellas son una versión de esto: «Te amo. Nunca lo olvides. Y no olvides quién eres. ¡Eres mío!».

¿Sabes quién eres? ¿Y de quién eres?

Eres la presencia de Jesús en este mundo...: un ser eterno, destinado a un hogar eterno. ¿Con granitos y larguirucho? Tonterías. Eres un ciudadano del cielo. Único en toda la creación. Asegurado por Cristo para la eternidad. El diablo no puede tocarte. Los demonios no pueden poseerte. El mundo tampoco. Lo que la gente piense de ti no importa ni un poquito. Le perteneces a tu Padre celestial.

Hace unas semanas recibí un recordatorio inesperado sobre mi identidad. Mi esposa y yo tuvimos la oportunidad de conducir a través

Eres la presencia de
Jesús en este mundo...
un ser eterno, destinado
a un hogar eterno. Eres
un ciudadano del cielo.

de mi ciudad natal y presentar nuestros respetos ante la tumba de mi mamá y mi papá. Habían pasado diez años desde nuestra última visita. Es fácil encontrar su tumba. Es la única con un roble siempre verde. En el cementerio hay muchos árboles, pero solo un roble siempre verde. No puedo explicar el cariño de mi papá hacia este árbol tejano. Ellos tienen el tronco lleno de nudos y tienden a crecer en todos los ángulos. Sin embargo, por alguna razón, a papá le gustaban tanto que plantó uno en su lugar de entierro. Le acababan de diagnosticar esclerosis lateral amiotrófica, y como quería dejar sus asuntos en orden, pidió permiso para sembrar el árbol.

Me llevó a verlo. Era apenas un retoño. Tan pequeño que podía rodearlo con mi mano y tocar mi pulgar con otro dedo. Eso fue hace tres décadas y media. Hoy día, el tronco es tan grueso como el torso de un hombre y sus ramas se extienden mucho más allá de la sepultura. Sin embargo, lo que me impresionó no fue el tamaño del árbol; fue lo que mi papá talló en él.

Un corazón. Nunca lo había visto. Él talló el diseño y raspó la corteza de modo que según el árbol ha crecido, también su diseño. En el centro del corazón están las iniciales de sus hijos. Cuando el árbol era pequeño, el corazón también era pequeño. Pero según el árbol se ha expandido, también lo ha hecho el mensaje. Él nunca nos dijo que había hecho esto. Supongo que quería dejarnos una sorpresa. Sabía que necesitaríamos un recordatorio de su amor, así que lo dejó tallado en el tronco. *Tienes un lugar en mi corazón.*

Tu Padre hizo lo mismo. No con un roble siempre verde, sino con una cruz. No con un diseño tallado, sino con la sangre carmesí de Cristo. Los años han pasado, y el corazón de la cruz, el mensaje de la cruz, solamente ha crecido.

A la versión de Max de la escuela de enseñanza media, Dios le dice: «Mira a Jesucristo en el árbol del Calvario. Déjame decirte quién eres. Eres una creación especial por medio de la obra de Cristo».

Como yo, has tenido o tendrás tus momentos de sudadera. En esos momentos, recuerda quién eres.

Además, recuerda que la historia de Mardoqueo y Ester no terminó en el capítulo 2. Estás solo a una página de la versión del siglo quinto A. C. de un momento de venir a Jesús. Nuestro dúo recordará su identidad, buscará sus sudaderas escondidas y se las pondrán otra vez. Aceptarán la invitación de Dios de asociarse con él, y Dios, a quien le alegra mucho darles una segunda oportunidad a sus hijos, los pondrá a trabajar de inmediato.

Me gustaría informar que hice lo mismo. Pero no fue así. Aquel día, casi me congelé allí parado en el campo izquierdo vistiendo mangas cortas. A veces nos quedamos a la espera de la primavera, no por decisión de Dios, sino a causa de nuestras tontas decisiones.

¿Es hora de que salgas del frío?

CRISIS

VALOR EN UNA TIERRA HOSTIL

*L*a mañana de Mardoqueo comenzó sin un plan específico. Se lavó la cara y desayunó higos y granadas. Escogió una túnica entre un surtido que había acumulado a lo largo de los años y salió de su casa para la breve caminata hasta las puertas de la ciudad.

El sol calentaba. Los mercaderes estaban ocupados. Los perros ladraban. Los niños jugaban. Él le dio una palmadita en las ancas a un burro. Tomó un puñado de nueces de la cesta de un vendedor y le lanzó una moneda. Saludó a los asociados y reconoció la llegada de algunos dignatarios. Ellos llegaban todos los días. Todos querían una audiencia con Jerjes para recibir su bendición, dinero, favor y alianza. Mardoqueo y otros se aseguraban de que fueran recibidos y aprobados.

Cuando se estaba acercando a la arcada, escuchó su nombre:

—¡Mardoqueo!

Se volvió y vio a Jegay, quien estaba a cargo del harén.

—Estás paseando temprano, viejo amigo —respondió Mardoqueo—. ¿Alguien está regalando comida?

Esperaba una sonrisa. No apareció ninguna. Solo un informe que lo dejó sin aliento.

—Va a salir en cualquier momento. No querrás estar cerca cuando él pase.

Mardoqueo miró a Jegay y asintió. Tenían que evitar a Amán a toda costa. Desde que el rey lo había nombrado vicerregente, la ciudadela había estado con el alma en vilo. Amán gruñía por todo.

Ladraba órdenes y exigía obediencia. El rey había ordenado que todos se inclinaran ante Amán, pero Mardoqueo y Jegay sabían que la orden no era idea del rey.

Los dos hombres corrieron a esconderse. Hasta ahora habían logrado evitar al rufián y su séquito. Pero no esta vez.

—¡Preparen el camino para el hombre del rey! —gritó un soldado—. ¡Todos tienen que detenerse y rendirle homenaje!

Jegay maldijo entre dientes.

—Nos estamos poniendo viejos. La próxima vez, tenemos que correr más rápido.

Se inclinó hasta el suelo y se dio vuelta para susurrarle algo a su amigo, pero Mardoqueo no se había arrodillado. Jegay miró hacia la entrada. Las dos puertas enormes se hallaban abiertas. Los caballos y los jinetes estaban a la vista. Solo faltaban unos segundos para que Amán apareciera. ¿Y Mardoqueo? Todavía estaba de pie.

—¡Mardoqueo! —susurró Jegay—. ¡Bájate!

Mardoqueo lo ignoró. Sus ojos estaban llenos de coraje y determinación. La visión de Amán había desencadenado una ira reprimida.

—¡Tú! —exigió un soldado—. Arrodíllate ante el hombre del rey.

Mardoqueo lo miró. Amán se detuvo. Y los ojos de ambos hombres se encontraron.

Capítulo cuatro
ÉL SE NEGÓ A INCLINARSE

En febrero del 2015, el grupo terrorista EIIL decapitó a veintiún cristianos en una playa de Libia. En un video se ve a los
hombres, momentos antes de su ejecución, clamando a Jesús
y orando. La mayoría de ellos eran obreros inmigrantes egipcios que
trabajaban para sostener a sus familias.

El EIIL masacró a los hombres en orden para sacudir al mundo
con terror. La respuesta de sus familias envió un mensaje totalmente
distinto. La mamá de una víctima de veinticinco años dijo: «Estoy
orgullosa de mi hijo. Él no cambió su fe en el último momento antes
de morir. Le doy gracias a Dios... Él lo está cuidando».[1]

Un sacerdote describió a su congregación, la cual perdió a trece
de sus hombres, diciendo: «Toda la congregación venía a la iglesia a
orar por su regreso, pero más adelante, pedían en sus oraciones que si
morían, murieran por su fe, y eso fue lo que sucedió. En realidad, la
congregación sigue creciendo psicológica y espiritualmente».[2]

Los hombres hubieran podido sobrevivir. Con una simple admi-
sión de Alá, habrían soltado los cuchillos y sus vidas hubiesen sido
perdonadas.

¿Qué hubieras hecho tú?

La pregunta es más que académica. Tal vez no hayas enfrentado
cuchillos y terroristas; sin embargo, ¿acaso no enfrentas a críticos y
acusadores? Familiares que se burlan de tus creencias. Profesores que
ridiculizan tu fe. Colegas que murmuran sobre tus convicciones. ¿Te
sientes completamente solo algunas veces?

Eso le ocurrió a Mardoqueo.

Han pasado unos cinco años desde la proclamación de Ester como reina (Ester 2:16 y 3:7). La vida había sido buena para ella y Mardoqueo. Ella vive en el regazo del lujo. Él sirve en la sede del poder. Ambos siguen manteniendo en secreto su nacionalidad judía. Para todo el mundo, son persas de pura cepa. Todo está bien, hasta que Mardoqueo escucha sobre un complot.

> En aquellos días, mientras Mardoqueo seguía sentado a la puerta del rey, Bigtán y Teres, los dos eunucos del rey, miembros de la guardia, se enojaron y tramaron el asesinato del rey Asuero [Jerjes]. Al enterarse Mardoqueo de la conspiración, se lo contó a la reina Ester, quien a su vez se lo hizo saber al rey de parte de Mardoqueo. Cuando se investigó el informe y se descubrió que era cierto, los dos eunucos fueron colgados en una estaca. Todo esto fue debidamente anotado en los registros reales, en presencia del rey. (Ester 2:21-23)

Las versiones persas de John Wilkes Booth y Lee Harvey Oswald planearon asesinar al rey Jerjes, pero sus bocazas los metieron en problemas. Mardoqueo se enteró de la conspiración, le informó a Ester, y ellos terminaron en la horca del rey.

Y... eso es todo. No hay más detalles. Mardoqueo no recibe reconocimiento público. No más desarrollo de los personajes. No hay explicación. Mis editores me habrían escrito con tinta roja: «¿Para qué quieres incluir esta historia? ¿Quiénes son estas personas? ¿Qué pasó después?».

Encontramos una posible respuesta en el primer versículo del siguiente capítulo. «Tiempo después, el rey Jerjes ascendió a Amán, hijo de Hamedata el agagueo, lo puso por encima de todos los demás nobles y lo convirtió en el funcionario más poderoso del imperio» (Ester 3:1, NTV).

Una vez más, Jerjes se sintió expuesto. Su primera esposa se había negado a obedecerlo, y ahora sus subalternos estaban conspirando para matarlo. Él presumía de señorear el imperio más grande del mundo; sin embargo, fue amenazando desde dentro de su propia casa. ¡Tenía que hacer una declaración! Y respondió nombrando a un visir de mano dura que no se andaba con rodeos: «Amán, hijo de Hamedata el agagueo».

No mires a la ligera los términos extraños en esta presentación. Amán era el hijo de *Hamedata el agagueo*. Un agagueo era un descendiente de Agag, el rey de los amalecitas. Los amalecitas eran los enemigos más antiguos de los hebreos. Los hijos de Israel apenas habían salido de la esclavitud egipcia cuando «vino Amalec y peleó contra Israel en Refidim» (Éxodo 17:8, RVR1960).

¿Por qué una tribu guerrera volcaría su ira contra unos antiguos esclavos? Moisés y su pueblo no eran dueños de tierra. No poseían ningún territorio. No habían hecho nada para enojar a los amalecitas. ¿Por qué se levantaron los guerrilleros contra el pueblo hebreo?

¿Y por qué con tanta crueldad? Moisés hizo memoria de su barbarie cuando instó a los israelitas: «Recuerda lo que te hicieron los amalecitas después de que saliste de Egipto: cuando estabas cansado y fatigado, salieron a tu encuentro y atacaron por la espalda a todos los rezagados. ¡No tuvieron temor de Dios! Por eso... borrarás para siempre el recuerdo de los descendientes de Amalec. ¡No lo olvides!» (Deuteronomio 25:17-19).

Los amalecitas atacaron a los rezagados: los ancianos, los enfermos, las viudas, los discapacitados. Ellos no tuvieron la valentía para atacar de frente. Moisés vio a este pueblo malvado como lo que eran: instrumentos de Satanás. Lucifer odiaba a los judíos. Él sabía que el plan de Dios era redimir al mundo por medio de Jesús, y su objetivo era aniquilar el árbol genealógico antes que pudiera dar fruto. Después de derrotar a los amalecitas en el desierto, Dios prometió:

«"Yo borraré por completo, bajo el cielo, todo rastro de los amalecitas". [Y] Moisés... exclamó: "¡Echa mano al estandarte del Señor! ¡La guerra del Señor contra Amalec será de generación en generación!"» (Éxodo 17:14-16).

Dios llegó al punto de ordenarle al rey Saúl que destruyera a todos los amalecitas, junto con todos sus animales. No obstante, Saúl perdonó al rey y salvó lo mejor de las ovejas. ¿El nombre del rey? Agag. Amán, entonces, era descendiente de la raza antisemita original. El odio por los hebreos corría en su sangre.

Mardoqueo, por su parte, era descendiente de Saúl, un benjamita (Ester 2:5). Que Saúl se negara a obedecer a Dios y destruir a Agag fue una mancha perpetua en el legado de los benjamitas.

El momento en que Mardoqueo se encontró con Amán en Susa implicaba más que dos hombres frente a frente en la ciudadela. Fue una colisión de diez siglos de prejuicios y odio.

Amán y su odio crearon un enorme drama cuando vio a Mardoqueo a la puerta del rey. «Todos los servidores de palacio asignados a la puerta del rey se arrodillaban ante Amán, y le rendían homenaje, porque así lo había ordenado el rey. Pero Mardoqueo no se arrodillaba ante él ni le rendía homenaje» (Ester 3:2).

Alguien tiene que plasmar este momento en un lienzo. La enorme puerta del fondo. El altivo Amán y su séquito de sirvientes. Los oficiales persas con sus rostros en el suelo. Y en medio de ellos un hombre erguido como una vara: Mardoqueo. Su columna vertebral tiesa como un mástil de fragata.

Este fue el momento en el que Mardoqueo se negó a inclinarse.

Su resistencia continuó día tras día. Sus compañeros funcionarios «se lo reclamaban; pero él no les hacía caso» (Ester 3:4). Finalmente, tuvieron una explicación. «Mardoqueo... les había confiado que era judío» (Ester 3:4).

Bueno, ahí está. Se quitó el camuflaje. Se removió la máscara. Mardoqueo había pasado toda su vida escondiendo su nacionalidad y había entrenado a Ester para hacer lo mismo. Ambos eran tan persas en estilo, apariencia, idioma y conducta que ella pudo casarse con el rey, él pudo trabajar para el rey, y nadie sabía que eran descendientes de Abraham. Pero una mirada a Amán cambió eso. Mardoqueo no iba a inclinarse ante un enemigo del pueblo de Dios.

Amán perdió los estribos. Acerca tu nariz a Ester 3:5-6, huele, y dime si no detectas el hedor de Satanás.

> Cuando Amán se dio cuenta de que Mardoqueo no se arrodillaba ante él ni le rendía homenaje, se enfureció. Y, cuando le informaron a qué pueblo pertenecía Mardoqueo, desechó la idea de matarlo solo a él y buscó la manera de exterminar a todo el pueblo de Mardoqueo, es decir, a los judíos que vivían por todo el reino de Asuero [Jerjes].

No era suficiente con hacer infeliz a Mardoqueo. No era suficiente con matar al judío inflexible. Amán se embarcó en una misión para aniquilar al pueblo escogido de Dios, raíz y rama.

Esto era racismo descarado. Amán se sentía superior a toda una raza de seres humanos simplemente por su ascendencia. Como si tuviera el derecho de apostar con las vidas de seres humanos, Amán tomó el equivalente de un dado llamado *pur*, echó la suerte, y decidió que la fecha de ejecución sería en once meses. Luego se presentó ante el potentado y le dijo:

> «Hay cierto pueblo disperso y diseminado entre los pueblos de todas las provincias del reino, cuyas leyes y costumbres son diferentes de las de todos los demás. ¡No obedecen las leyes del reino, y a Su Majestad no le conviene tolerarlos! Si le parece bien, emita Su Majestad un decreto para aniquilarlos, y yo depositaré en manos de los administradores trescientos treinta mil kilos de plata para el tesoro real». (Ester 3:8-9)

Amán estaba dispuesto a pagar veinte millones de dólares[3] por el derecho de exterminar a los judíos.[4] Para este momento ya sabemos que Amán era canalla hasta los huesos y Jerjes tenía la columna vertebral de una medusa. Pero nada podría prepararnos para la despreocupada decisión de poner en marcha una limpieza étnica.

> El rey estuvo de acuerdo y... dijo: «Tanto el dinero como el pueblo son tuyos para que hagas con ellos lo que mejor te parezca».
>
> Así que, el 17 de abril, citaron a los secretarios del rey, y se escribió un decreto tal como lo dictó Amán. Lo enviaron a los funcionarios del rey de más alta posición, a los gobernadores y a los nobles de cada provincia en sus propios sistemas de escritura y en sus propios idiomas. El decreto se redactó en nombre del rey Jerjes y fue sellado con el anillo del rey...
>
> Por orden del rey, se despachó el decreto mediante mensajeros veloces... Luego el rey y Amán se sentaron a beber, pero la ciudad de Susa entró en confusión. (Ester 3:10-12, 15, NTV).

El rey y su mano derecha sentían tal indiferencia por la vida humana y tal desprecio por el pueblo judío que podían ordenar un baño de sangre y luego disfrutar de unos cócteles.

Nota que no solo los judíos estaban desconcertados; toda la ciudad estaba en vilo. Por lo que sabían, Amán podía volverse contra ellos. ¿Y si tenía prejuicios contra los dueños de tiendas o los agricultores o las personas zurdas? Cuando el alguacil es un cobarde y su ayudante es un déspota, cualquier cosa puede suceder.

Amán envió mensajeros a cada una de las provincias con una orden y una oferta. ¿La orden? Maten a todos los judíos. ¿La oferta? Saqueen sus posesiones. La fecha dictada según la suerte echada por medio del lanzamiento del dado seguía siendo en once meses. *Déjalos que vivan en la miseria*, debe haber pensado Amán. Lo que Amán no sabía era esto: «Las suertes se echan sobre la mesa, pero el veredicto proviene del Señor» (Proverbios 16:33).

La suerte no decidió la fecha; lo hizo Dios. Aunque esta historia no menciona su nombre, sí revela su voluntad. Fue Dios el que retrasó la fecha por once meses, de modo que su plan tuviera tiempo para desarrollarse. Fue Dios el que le recordó a Mardoqueo su ascendencia, su identidad. Y fue Dios el que lo motivó a asumir una posición por lo que es correcto.

Dios te dará el valor para hacer lo mismo.

¿Podemos hablar con sinceridad por un momento? Estás cansado, herido y preocupado. Cansado de luchar, herido por la batalla y preocupado de que este invierno nunca termine. Como Mardoqueo y Ester, te sientes lejos de casa. Alguien cortó las cuerdas que te amarraban al muelle y te dejó a la deriva. Persia puede ser un lugar desagradable. Nadie está en desacuerdo. Pero Persia también puede ser una placa de Petri para las malas decisiones. Así que te insto, no empeores las cosas inclinándote ante Amán.

Vivir como una persona de fe en un mundo incrédulo requiere valor y actos de resistencia. No te pedirán que te arrodilles ante un tirano persa. Hay pocas probabilidades de que el EIIL te persiga. Sin embargo, hay muchas posibilidades de que te sientas tentado a comprometer tus creencias o a permanecer en silencio frente a la injusticia y el mal. Los momentos Mardoqueo vienen en camino.

- Tu profesor universitario tiene fama por burlarse de los cristianos. Pocos días antes del Domingo de Resurrección, empieza a despotricar sobre la locura de la fe cristiana. «Nadie en esta clase realmente cree que Jesús resucitó de entre los muertos, ¿verdad? Levanta tu mano si lo crees». ¿Cómo responderás?
- Llevas un mes lejos de tu familia. Estos proyectos fuera del país son buenos para tu carrera, pero difíciles para tu matrimonio. Hay tensión en las charlas telefónicas con tu esposo. Lo sientes

distante. Tú te sientes sola. Uno de tus compañeros de trabajo es guapo, atento y está disponible. Hoy en el trabajo lo dejó bien claro. Su mensaje de texto simplemente lo aclaró aún más. «¿Puedo pasar a verte?». ¿Qué le dirás?

- Tú y tus amigos de los bolos están disfrutando de unas hamburguesas, y uno de ellos hace un chiste burlándose de los afroamericanos. Nunca habías pensado que tus amigos fueran racistas, pero todos se rieron de este chiste insensible. ¿Te reirás con ellos?

- Eres el recién llegado al equipo de ventas. Las oportunidades de trabajo son escasas, y no quieres echar a perder esta. Tus compañeros te dan la bienvenida con una invitación a cenar. Te sorprendes cuando los oyes hablar de cómo rellenan sus cuentas para gastos. Uno de ellos te explica: «No nos atrapan, porque todos estamos de acuerdo en hacerlo. También estarás de acuerdo, ¿verdad?». Todos se voltean y esperan tu respuesta. ¿Qué vas a decir?

Momentos Mardoqueo. Ocasiones en las que revelamos nuestra verdadera lealtad. Todo el mundo se inclina; sin embargo, ¿qué me dices de ti?

Mardoqueo tuvo varias alternativas. Pudo haber dicho: «Me inclinaré exteriormente, pero no interiormente». O pudo haber justificado seguir la corriente a cambio de un ascenso. O podía hacer lo que hizo. Asumir una postura.

¿Puedo instarte a hacer lo mismo?

Resistir importa.

Mucho después de que los actos de obediencia se olviden, aún reflexionamos en los actos de valor. Piensa en la foto, ahora famosa, del hombre que se negó a saludar a Hitler. Nadie capturó en un lienzo la resistencia de Mardoqueo. ¿Pero los brazos cruzados de August Landmesser? Estudia la foto en blanco y negro tomada en un mitin

Vivir como una persona
de fe en un mundo
incrédulo requiere valor
y actos de resistencia.

nazi en 1936 en Hamburgo, Alemania, y lo verás parado entre un mar de partidarios nazis. Hitler estaba allí para bautizar un buque de la marina. Cientos de brazos se extienden hacia él. Todo el mundo ofrece el «*Sieg Heil*».

Excepto uno. Landmesser tenía veintiséis años y fue el único trabajador alemán que se negó a saludar.

Él no siempre fue un disidente. Al principio se identificó como un miembro del partido nazi. Durante dos años no demostró deslealtad. Sin embargo, luego conoció a Irma Eckler en 1933. Su historia de amor tenía un inconveniente. Eckler era judía. El partido revocó su membresía y le negó una licencia de matrimonio.

A finales de 1935 la pareja tuvo una hija. Cuando se tomó la foto de 1936, el antisemitismo de Hitler ya era muy conocido. ¿Nos debe extrañar que Landmesser se negara a saludar? Él se había enamorado de una mujer judía, le habían negado el derecho a casarse con ella, y era el papá de una hija mitad judía.

En 1937, la pareja intentó emigrar de Alemania a Dinamarca. A él lo detuvieron en la frontera por «deshonrar la raza». Las autoridades le exigieron a Landmesser que no viera más a Eckler, lo cual se negó a hacer. Ambos fueron arrestados en 1938. A Landmesser lo enviaron a un campo de concentración. Ella fue a la prisión y allí dio a luz a su segunda hija.

Nunca se vieron otra vez. Ella murió en 1942. A él lo reclutaron para la guerra en 1944 y poco después lo declararon desaparecido en combate.[5]

¿Valió la pena? Que estemos discutiendo su historia nos ofrece una respuesta parcial. Nadie encuentra valor al ver a una multitud saludando. Sin embargo, ¿quién no se siente inspirado por la persona que sigue sus convicciones?

Landmesser cruzó sus brazos.

Los cristianos egipcios no renegaron de su fe.

Mardoqueo se negó a inclinarse.

¿Y tú? La negativa de Mardoqueo a inclinarse fue el primer eslabón en una cadena de actos valientes que llevaron a la salvación de su pueblo. Tu determinación podría ser el gesto decisivo para romper la fortaleza.

Decide ahora lo que harás entonces.

No esperes hasta sentir el ardor del momento. Una crisis no es la ocasión para preparar un plan de escape. Cuando estás en los brazos de tu cita en la habitación de un motel no es el momento ni el lugar para tomar una decisión sobre la moralidad. El día de tu examen final no es el momento para decidir sobre la honestidad. Hay una razón por la que los asistentes de vuelo nos señalan las salidas de emergencia antes de que despegue el avión. No pensamos claramente cuando estamos cayendo en picada. El momento para decidir resistir la tentación es antes de enfrentarla.

Mardoqueo no solo se negó a inclinarse, sino que además decidió que nunca se inclinaría, bajo ninguna circunstancia. El versículo está escrito en tiempo futuro en lugar de pasado. El tiempo futuro implica la decisión de nunca cambiar de parecer, independientemente de la reacción de Amán.[6] De manera similar, Job decidió: «Yo había convenido con mis ojos no mirar con lujuria a ninguna mujer» (Job 31:1). Y Daniel «propuso en su corazón no contaminarse» (Daniel 1:8, RVR1960).

> El momento para decidir resistir la tentación es antes de enfrentarla.

Decide ahora lo que harás entonces. Y recuerda:

Asume una postura a favor de Dios, y él te defenderá.

Un siglo y medio antes tres hebreos también se negaron a inclinarse. El rey Nabucodonosor de Babilonia mandó a hacer una estatua de oro, de veintisiete metros de alto por dos metros y medio de ancho, y les ordenó a todos los ciudadanos que se inclinaran ante ella (Daniel 3:1).

Entonces los heraldos proclamaron a voz en cuello: «A ustedes, pueblos, naciones y gente de toda lengua, se les ordena lo siguiente: Tan pronto como escuchen la música de trompetas, flautas, cítaras, liras, arpas, zampoñas y otros instrumentos musicales, deberán inclinarse y adorar la estatua de oro que el rey Nabucodonosor ha mandado erigir. Todo el que no se incline ante ella ni la adore será arrojado de inmediato a un horno en llamas». (Daniel 3:4-6)

Vaya interesante estrategia de crecimiento para la iglesia. Ven a adorar o te tostaremos como un malvavisco. Todo el mundo obedeció, excepto tres judíos. Al rey le dieron este informe:

Pero hay algunos judíos, a quienes Su Majestad ha puesto al frente de la provincia de Babilonia, que no acatan sus órdenes. No adoran a los dioses de Su Majestad ni a la estatua de oro que mandó erigir. Se trata de Sadrac, Mesac y Abednego.

Lleno de ira, Nabucodonosor los mandó llamar. Cuando los jóvenes se presentaron ante el rey... les dijo:

—Ustedes tres... más les vale que se inclinen ante la estatua que he mandado hacer y que la adoren. De lo contrario, serán lanzados de inmediato a un horno en llamas, ¡y no habrá dios capaz de librarlos de mis manos!

Sadrac, Mesac y Abednego le respondieron a Nabucodonosor:

—¡No hace falta que nos defendamos ante Su Majestad! (Daniel 3:12-13, 15-16)

Estas cosas suceden en el exilio. No importa cuánta sabiduría y tacto tengas, cuán humilde seas, con cuánta gracia te aferres a tus convicciones, y cuántas veces te hayas negado a pelear por algo, llegará un momento en que tu fe estará en la mira. Te pedirán que hagas algo que no está bien.

Sadrac, Mesac y Abednego no titubearon.

Nabucodonosor se puso furioso y ordenó que calentaran el horno siete veces más que la temperatura típica. El calor era tan intenso que consumió a los soldados que lanzaron a los hebreos al horno ardiente. Con una fascinación mórbida, Nabucodonosor se paró en la entrada del horno. Quería ver cómo se asaban los hebreos. Sin embargo, vio algo completamente distinto.

En ese momento Nabucodonosor se puso de pie, y sorprendido les preguntó a sus consejeros:

—¿Acaso no eran tres los hombres que atamos y arrojamos al fuego?

—Así es, Su Majestad —le respondieron.

—¡Pues miren! —exclamó—. Allí en el fuego veo a cuatro hombres, sin ataduras y sin daño alguno, ¡y el cuarto tiene la apariencia de un dios! (Daniel 3:24-25)

No solo las llamas no tocaron a los tres hombres, sino que también había un cuarto hombre, ¡quien tenía una apariencia divina! ¿Era este el Hijo de Dios? Ciertamente parece ser el caso. Jesús defendió a los que asumieron una postura a favor de él.

El trío de hebreos salió del fuego con mayor impacto que cuando entraron. A Nabucodonosor no le había interesado la fe de ellos antes del horno. No obstante, vio que «el fuego no les había causado ningún daño, y que ni uno solo de sus cabellos se había chamuscado; es más, su ropa no estaba quemada ¡y ni siquiera olía a humo! Entonces exclamó Nabucodonosor: "¡Alabado sea el Dios de estos jóvenes, que envió a su ángel y los salvó!"» (Daniel 3:27-28).

Los intentos del diablo no produjeron el efecto deseado. Fracasaron entonces y siguen fracasando hoy día.

Considera la historia de los mártires en Libia en el año 2015. Existe evidencia de que uno de los hombres no era cristiano cuando llegaron a la playa. A diferencia de los demás, él no era egipcio; era ghanés. No fue hasta que vio la fe de los hombres a su alrededor que se conmovió y confió en Cristo. Cuando llegó el momento de tomar su decisión, al preguntarle si iba a condenar el cristianismo y vivir, o proclamar el evangelio y morir, él respondió: «Su Dios es mi Dios».[7]

> El valor es contagioso.

El valor es contagioso. Mi oración es que tu valor inspire lo mismo en otras personas.

Capítulo cinco

EL ALIVIO VENDRÁ

E n lo que respecta a las historias de rescate, la mía no es la gran cosa. No la convertirán en una película. Ningún medio de comunicación me entrevistó. Nunca leerás mi historia en las revistas *National Geographic* o *Reader's Digest*. En la enciclopedia de operaciones de rescate, la mía no merecería ni una nota al pie de página. Sin embargo, lo que no era una noticia para otros fue un notición para los tres que fuimos sacados de la fría planicie.

Éramos estudiantes universitarios que trabajábamos en un campo petrolero para ganarnos un dinero extra durante el receso de Navidad. Transcurría un día de diciembre ventoso y glacial, del tipo que requiere varias capas de ropa. En la cadena alimenticia de la industria petrolera, los trabajadores universitarios de medio tiempo clasificaban en algún punto cerca del fondo del estanque. A los jornaleros no les impresionaban los estudiantes con piel lozana que se aparecían por un par de semanas y apenas podían diferenciar una escoba de una pala. Por consiguiente, cualquier tarea particularmente sucia nos la asignaban a nosotros.

El trabajo sucio de aquel día era excavar una zanja a unos treinta y dos kilómetros de la señal de civilización más cercana. El jefe nos llevó, nos dejó allí y se fue, con la promesa de que regresaría a las cinco de la tarde. El terreno era tan plano como una sartén. El viento te congelaba hasta los huesos. Nos cubrimos las orejas con nuestras gorras de lana, subimos el cuello de nuestras chaquetas para proteger nuestros cuellos, y comenzamos a trabajar. Cuando terminó el turno, estábamos congelados, cansados y cansados de estar congelados.

Colocamos las palas en el suelo y comenzamos a mirar hacia la larga carretera. Anhelábamos un viaje de regreso en un camión caliente. No veíamos a nadie. Cinco y media, ningún camión. El sol se escondió, la sensación térmica por el viento hizo que la temperatura se sintiera como de un solo dígito, y todavía no había señales de nadie. No teníamos teléfono celular ni sistema GPS. Mis años de universidad fueron poco después de la Edad de Piedra. Estábamos abandonados.

Resulta que la persona encargada de buscarnos se había olvidado de nosotros. El atardecer dio paso a la noche. Las estrellas comenzaron a aparecer y los coyotes empezaron a aullar. Teníamos las manos adormecidas. Las mejillas congeladas. Nuestra situación era desesperada.

¿Conoces el sentimiento? Mardoqueo lo conocía.

En este punto de la historia, Amán había convencido a Jerjes, que era fácil de convencer, para que destruyera a todos los judíos. Los dados han sido lanzados, la fecha de la muerte ha sido fijada, y el decreto se ha escuchado en todos los rincones de Persia. Mardoqueo se enteró del holocausto inminente y abandonó toda pretensión.

> Cuando Mardoqueo se enteró de todo lo que se había hecho, se rasgó las vestiduras, se vistió de luto, se cubrió de ceniza y salió por la ciudad dando gritos de amargura. Pero, como a nadie se le permitía entrar a palacio vestido de luto, solo pudo llegar hasta la puerta del rey. (Ester 4:1-2)

Las noticias sobre el decreto de exterminio angustiaron profundamente a Mardoqueo. Él se vistió con tela áspera y se cubrió el rostro de ceniza. Se vistió con el atuendo de una endecha fúnebre. Recorrió las calles de Susa, llorando, gritando y golpeándose el pecho. Los oficiales se detenían y se quedaban mirándolo. Los dueños de las tiendas se volvían a observarlo. ¡Qué espectáculo! Recuerda, a él lo conocían por su importancia para la reina, un cortesano en la puerta del palacio. Sin embargo, Mardoqueo rompió todo decoro.

Ester se enteró de los lamentos y se horrorizó al saber que se comportara de esa manera. Así que le envió un juego de ropa y le pidió en términos claros y precisos que dejara de hacer ese tipo de berrinches. Él estaba poniendo en peligro todo lo que ambos habían llevado a cabo. Se habían ganado el favor del rey y el respeto de la ciudadela. Aparentemente, Ester no estaba al tanto del decreto, lo cual indica lo apartada que estaba de la vida pública.

Lo que siguió fue una oleada de mensajes de aquí para allá entre ambos. Mardoqueo le envió a Ester una copia de las órdenes de exterminio y la instó a hablar con su marido, el rey.

Una reina no puede simplemente caminar y entrar en la sala del trono, le recordó ella a Mardoqueo. Si se presentaba sin ser invitada, el rey cascarrabias podía condenarla a muerte.

«Todos los servidores del rey y el pueblo de las provincias del reino saben que, para cualquier hombre o mujer que, sin ser invitado por el rey, se acerque a él en el patio interior, hay una sola ley: la pena de muerte. La única excepción es que el rey, extendiendo su cetro de oro, le perdone la vida. En cuanto a mí, hace ya treinta días que el rey no me ha pedido presentarme ante él». (Ester 4:11)

¿Puedes imaginarte a Ester contando con sus dedos las razones para no decir nada?

Es en contra de la ley.

Hace ya treinta días desde la última vez que pidió verme.

El rey está de mal humor, sin duda alguna.

Probablemente me matará. ¿Recuerdas a Vasti?

Mardoqueo consideró por un momento las dudas que tenía Ester y le envió un mensaje.

Antes de que leamos sus palabras, ¿puedo realizar un poco de preparación? Sus palabras son unas de las observaciones más profundas que leerás en la Biblia. Lo que dijo en dos versículos merece dos volúmenes de estudio. Mardoqueo el judío se convirtió en Mardoqueo el teólogo. Él hizo una declaración que revela el corazón de una persona que ha encontrado el corazón del Dios santo. Estás a punto de escuchar en un párrafo el llamado más grande al valor que haya pronunciado una lengua humana por siempre.

¿He elevado tus expectativas lo suficiente? Dime si no estás de acuerdo:

> «No te imagines que por estar en la casa del rey serás la única que escape con vida de entre todos los judíos. Si ahora te quedas absolutamente callada, de otra parte vendrán el alivio y la liberación para los judíos, pero tú y la familia de tu padre perecerán. ¡Quién sabe si no has llegado al trono precisamente para un momento como este!». (Ester 4:13-14)

¿Cómo sobrevivimos a los vientos extremadamente fríos de la vida? Cuando han anunciado una reducción del personal. Cuando no hay vacuna para la pandemia. Cuando no hay dinero en la cuenta. Cuando no hay alegría en el matrimonio. Cuando la cuna está vacía o la tumba está ocupada, o no hay nadie más en la cama matrimonial y no puedes dejar de llorar hasta dormirte.

Cuando las circunstancias te hagan sentir desesperado y solo en una cuneta invernal, ¿valdrá la pena repetir las palabras de Mardoqueo? Él hizo un par de observaciones formales.

Nadie recibe carta blanca.

Ni siquiera la reina de Persia. «No te imagines que por estar en la casa del rey serás la única que escape con vida de entre todos los judíos». No creas ni por un segundo, Ester, que saldrás ilesa del genocidio. Que los judíos vayan a sobrevivir no asegura en absoluto que tú y el buen nombre de la familia de tu padre sobrevivirán. Tu legado será sacrificado en el altar de la apatía. Tal vez esquives la primera bala, pero hay cinco más en el cargador. Los problemas tocan a la puerta de todos.

«Caray, Max. Muchas gracias. ¿Le llamas a esto buenas noticias? Pensé que ibas a darme algo de esperanza para ayudarme a superar este tiempo difícil».

Quizás tú no necesites el recordatorio, pero alguien sí lo necesita. A alguien le han hecho creer que la vida cristiana es un camino de baldosas amarillas y que llegar a casa en Kansas está a la distancia de un clic de las zapatillas rojas. Por eso, cuando suceden las cosas malas e inevitables, la persona se ve obligada a enfrentar no solo la situación difícil, sino también las preguntas difíciles sobre un Dios que no cumplió sus promesas. A lo que Dios responde: «Nunca hice esas promesas».

He aquí lo que Dios dijo: «En este mundo afrontarán aflicciones» (Juan 16:33). Hay momentos en los que nos sentiremos «como condenados a muerte» (2 Corintios 1:9, DHH). Cruzarás las aguas... cruzarás los ríos... caminarás por el fuego (Isaías 43:2).

Los problemas son parte de la vida. No ganamos nada pretendiendo que no es así. Nadie recibe carta blanca, pero de una manera u otra, *el alivio y la liberación vendrán*.

Aquella noche el alivio vino a nosotros en la planicie tejana. Acabábamos de hablar sobre comenzar una caminata de regreso a casa cuando vimos el paisaje más maravilloso de todos: unos faroles. Al principio se percibían pequeños, rebotando hacia arriba y abajo como si te estuvieran saludando con una linterna. Cuando vimos los faroles, todo cambió. Todavía teníamos frío. Todavía estábamos cansados. El camión todavía estaba lejos. La noche aún estaba oscura. Sin embargo, ver los faroles nos dio esperanza.

Mardoqueo vio algo parecido. En el horizonte aparecieron faroles que rebotaban. Al principio del capítulo cuatro lo vemos lamentándose en las calles, esperando un desastre. Cuando se enteró de la orden para matar a todos los judíos, «se rasgó las vestiduras, se vistió de luto, se cubrió de ceniza y salió por la ciudad dando gritos de amargura» (Ester 4:1). La imagen era atroz: hilos desgarrados, garganta que grita, prendas rasgadas, piel expuesta. Rasgarse la ropa era una declaración externa de lo que estaba ocurriendo interiormente. Mardoqueo estaba desgarrado por dentro. De esto podemos estar seguros: se hallaba desesperado. Trece versículos más tarde dio un giro de ciento ochenta grados y le dijo a Ester: «Vendrán el alivio y la liberación para los judíos» (Ester 4:14).

¿Qué le ocurrió? ¿Por qué el cambio de desesperado a valiente? Esta es mi mejor conjetura. Dios despertó una creencia reprimida. Sentado en las rodillas de su mamá, Mardoqueo había escuchado sobre cómo Moisés y un millón de hebreos enfrentaron a un mar furioso en un lado y a un faraón enojado en el otro, cómo un niño pastor había encarado a un Goliat gigante al que le llegaba a la cintura, cómo Daniel podía oír el rugido de los leones y el gruñido de sus barrigas. Pero entonces Dios habló. ¡El mar se abrió, David se levantó y los leones se callaron!

Mardoqueo se dio cuenta de que el Dios de Abraham, Isaac y Jacob estaba vivo, bien e invicto en todas las batallas. Los judíos se encontraban lejos de Jerusalén, pero no de Dios. Es posible que Mardoqueo hubiera descuidado su papel como un curador del pacto, pero Dios no había olvidado su papel como cumplidor del pacto. El corazón de Dios seguía unido a su pueblo, un remanente llevado de Sión y que ahora vivía exiliado en Persia. Los judíos no tenían rey, ni ejército, ni templo, ni sacerdocio, ni sacrificios. No importaba. Todavía tenían a su Jehová. Ni una sola vez Dios fue amenazado, destrozado, desconcertado o confundido. Dios es para los problemas lo que un huracán es para un mosquito. No es rival. Mardoqueo lo entendió.

¿Y tú? ¿Lo entiendes? ¿Conoces el resto de los versículos?

«En este mundo afrontarán aflicciones, pero ¡anímense! Yo he vencido al mundo» (Juan 16:33).

«Nos sentíamos como condenados a muerte. Pero esto sirvió para enseñarnos a no confiar en nosotros mismos, sino en Dios, que resucita a los muertos» (2 Corintios 1:9, DHH).

Sí, el camino por delante incluye aguas, ríos y fuegos. Pero...

> «Cuando cruces las aguas,
>   yo estaré contigo;
> cuando cruces los ríos,
>   no te cubrirán sus aguas;
> cuando camines por el fuego,
>   no te quemarás ni te abrasarán las llamas». (Isaías 43:2)

¿Tu perspectiva de Dios incluye un alivio incuestionable y una liberación dramática? Esto no es una pregunta trivial. De hecho, es *la* pregunta. La mayoría de las personas no ven un alivio aguardando. El resumen de su vida se lee como una tragedia shakesperiana. «Vivimos en un mundo hermoso, pero quebrantado. No puede arreglarse. Nada puede hacerse. Le sacamos el mejor provecho y luego morimos». Para mucha gente eso es la vida en pocas palabras. Así que no es sorpresa que vivamos en un mundo marcado por la desesperación y el suicidio.

En comparación, la historia que Dios ofrece es una pradera dorada. Comienza como la otra, pero termina en un lugar mucho mejor.

Vivimos en un mundo hermoso, pero quebrantado. Sin embargo, nuestro Creador hizo este mundo y no destinó a él ni a nosotros para el quebranto. Él nos destinó para una vida maravillosa. Sus intenciones para nosotros son buenas. Se preocupa tanto por los seres humanos que se convirtió en uno de nosotros. Él se hizo cargo de nuestro quebrantamiento, incluso hasta el punto de la muerte. Su muerte nos dio vida; vida eterna. Él resucitó de entre los muertos, está recreando nuestro mundo y nos está invitando a todos a ser parte de este. Un día,

Este es tu momento.
Fuiste creado para
ponerte de pie como
Mardoqueo y expresar
tu opinión como Ester.

restaurará al mundo a la belleza que tenía en mente desde el principio, reclamará a su familia y viviremos con él para siempre.

Este era el mensaje de Mardoqueo: *el alivio viene.*

Y luego le dijo a Ester: «¡Quién sabe si no has llegado al trono precisamente para un momento como este!» (Ester 4:14).

La respuesta de Ester fue significativa.

> «Ve y reúne a todos los judíos que están en Susa, para que ayunen por mí. Durante tres días no coman ni beban, ni de día ni de noche. Yo, por mi parte, ayunaré con mis doncellas al igual que ustedes. Cuando cumpla con esto, me presentaré ante el rey, por más que vaya en contra de la ley. ¡Y, si perezco, que perezca!». (Ester 4:16)

Acabas de leer el punto de inflexión en el desarrollo de nuestro personaje principal. La fe de Jadasá se funde con la autoridad de la corona. Ella le ordena a Mardoqueo (con autoridad y sin circunlocuciones corteses) que reúna a los judíos en Susa para un ayuno público. Al hacerlo, está adoptando el papel de líder moral para su pueblo. La determinación reemplaza a la pasividad. Ya no es la reina bonita. Es una mujer de Dios, decidida a dirigir a su pueblo a través de una crisis.

¿Qué ocurrió? ¿Qué movió a Ester de «no puedo hacer nada» a «estoy dispuesta a perderlo todo»? ¿Qué la llevó de «si me presento, moriré» a «si perezco, que perezca»?

Tuvo que ser el mensaje directo de Mardoqueo. Sí, el mundo está de cabezas. Sí, somos víctimas de un Amán despiadado. Pero vendrá el alivio, y «¡quién sabe si no has llegado al trono precisamente para un momento como este!» (4:14). Mardoqueo abrió una ventana e hizo resplandecer una luz divina

> La pregunta no es: ¿Dios prevalecerá? La pregunta es: ¿Serás parte del equipo?

en el mundo de Ester. «Estás aquí por una razón», le dijo. «Tu vida es parte de un plan. Te pusieron aquí a propósito con un propósito».

Y a ti también, querido amigo. Tú, como Ester, fuiste creado para este momento. Seamos claros, no pediste esta lucha. Quieres dejarla atrás. No sabes cuánto tiempo más podrás resistir.

Sin embargo, ¿qué tal si Dios está en esto? ¿Acaso Él no te puso en este planeta en esta generación? Él determinó tu fecha de nacimiento, tu nacionalidad y escogió tu vecindario (Hechos 17:26).

¿Qué tal si tú, como Ester, tienes una oportunidad de actuar en una forma que bendecirá a más personas de las que puedes imaginar?

Esta es tu hora. Este es tu momento. Fuiste creado para ponerte de pie como Mardoqueo y expresar lo que piensas como Ester.

La liberación llegará. Dios tendrá su victoria. Él rescatará a su pueblo. Él corregirá los errores de este mundo. La pregunta no es: ¿Dios prevalecerá? La pregunta es: ¿Serás parte del equipo?

Si Ester se hubiera quedado callada, habría perdido la oportunidad de salvar a miles de sus parientes. Dios hubiese liberado a sus hijos a través de otra persona. Como advirtió Mardoqueo: «De otra parte vendrán el alivio y la liberación para los judíos, pero tú y la familia de tu padre perecerán» (Ester 4:14). Tal vez deseó que esta agitación pasara de largo. Quizás consideró silenciar a Mardoqueo. Después de todo, ella era la reina. Su ascendencia judía todavía era un secreto. Sin duda, el aislamiento fue una tentación. Sin embargo, Mardoqueo le advirtió encarecidamente que no lo hiciera. La inacción sería costosa. El nombre de Ester y el de su familia se habrían convertido en sinónimo de apatía.

¿Qué me dices de ti y de mí? Si queremos, podemos retirarnos. Dejar que nuestros corazones se endurezcan, que nuestra fe se enfríe. Invernar. Escondernos. Desconectarnos. Permanecer callados. O podemos ver nuestro reto como una oportunidad para unirnos a Dios en su obra.

Esta fue la elección que enfrentó Martin Luther King Jr. tarde una noche en enero de 1956. A la tierna edad de veintisiete años, asumió la causa que llevaría a un boicot y al movimiento por los derechos civiles. Menos de una semana después de que Rosa Parks se negara a cederle su asiento en un autobús a un pasajero blanco, King se convirtió en presidente de la Montgomery Improvement Association en Montgomery, Alabama.

Él comenzó a recibir amenazas de muerte inmediatamente. Una llamada telefónica en particular lo puso nervioso. Más tarde, relató en un discurso: «Al otro lado de la línea escuché una voz horrible. En esencia, esa voz me dijo: "N—-o, estamos cansados de ti y de tu caos. Y si no te vas de esta ciudad en tres días, vamos a volarte los sesos y a volar tu casa"».

King caminó hasta su cocina para ordenar sus pensamientos. Pensó en su hermosa esposa y su bella hijita. Se imaginó el furor que le aguardaba en las calles. Se cuestionó si el esfuerzo merecía el riesgo.

Consideró llamar a su papá o su mamá. Sin embargo, eligió hacer otra cosa: «Algo me dijo, no puedes llamar a Papá ahora, él está en Atlanta, a doscientos ochenta kilómetros de distancia. Ni siquiera puedes llamar a mamá. Tienes que recurrir a ese algo en esa persona de la que tu Papá solía hablarte. A ese poder que puede hacer un camino donde no hay ninguno».

King inclinó su rostro y le pidió ayuda a Dios. «Y en ese momento me pareció escuchar una voz en mi interior que me decía: "Martin Luther, defiende lo justo, defiende la justicia, defiende la verdad. Y estaré contigo hasta el fin del mundo"».

Recién fortalecido, King continuó la obra, dejando su huella en lo que podría decirse que es el movimiento más importante del siglo veinte. Aun así, él siguió luchando contra el miedo por el resto de su vida. En el discurso donde contó la historia de la cocina, reconoció: «Vivir todos los días bajo tantas críticas, incluso de los negros, a veces

> El alivio vendrá.
> Que Dios nos
> ayude a ti y a mí
> a ser parte de él.

me desanimaba... y sentía que mi trabajo era en vano. Sin embargo, el Espíritu Santo reanimaba otra vez mi alma».[1]

Cada una de nuestras vidas se cruza con oportunidades en las que podemos unirnos a la obra de Dios. No hablaremos con un rey persa. Muy pocos lideraremos un movimiento de libertad. No obstante el cielo nos ofrecerá a cada uno, sin excepción, el privilegio de participar en la obra santa.

Cuando llegue tu invitación, es mi oración que escuches al mismo Espíritu que escuchó el reverendo King, que encuentres el mismo valor que encontró Ester, y que tomes la misma decisión que tomó Mardoqueo. El alivio vendrá. Que Dios nos ayude a ti y a mí a ser parte de él.

Capítulo seis

DOS SALONES
DEL TRONO

Se han hecho varias películas basadas en la historia de Ester. En las que he visto, ella es deslumbrantemente hermosa. Ojos en forma de medialuna, piel inmaculada color olivo. Toda una rompecorazones de Hollywood esta dama. Y, sin duda, debe haberlo sido. Ella fue seleccionada como la reina de Persia entre un harén de aspirantes adorables.

Las películas igualmente coinciden en lo que respecta al momento de intenso drama: Ester y su visita no solicitada al rey Jerjes. Ella está en la entrada del salón del trono, vestida con elegancia. Las cámaras se resisten a alejarse de su esplendor. Cuando lo hacen, vemos a Jerjes con la boca abierta. «¿Qué puedo hacer por ti, hermosa mía?». El mensaje implícito de las películas es claro: la belleza de Ester ablandó y sacudió el corazón duro de Jerjes.

Sin embargo, las Escrituras cuentan una historia distinta. Sí, ella se presentó ante el rey. Sí, ella hizo esto corriendo un gran riesgo. Y sí, Jerjes extendió su cetro y la invitó a entrar. Sin embargo, lo que marcó la diferencia no fue su belleza. Mira el texto, a ver si estás de acuerdo.

> Ester le envió a Mardoqueo esta respuesta: «Ve y reúne a todos los judíos que están en Susa, para que ayunen por mí. Durante tres días no coman ni beban, ni de día ni de noche. Yo, por mi parte, ayunaré con mis doncellas al igual que ustedes. Cuando cumpla con esto, me presentaré ante el rey, por más que vaya en contra de la ley. ¡Y, si perezco, que perezca!». (Ester 4:15-16)

Ester se dio cuenta, tal vez por primera vez, de que el silencio es una forma de consentimiento. Habían decretado que su pueblo, los judíos, merecía morir en una masacre, y ella no había hecho nada. O estaba demasiado distraída para verlo o demasiado asustada para actuar. De cualquier manera, su apatía era inexcusable.

No obstante, ¿qué podía hacer ella? El rey había tomado su decisión. El visir había anunciado la pena de muerte. Ninguno estaba interesado en cambiar de parecer. Justo lo contrario. Estaban diciendo a las claras: no se metan con Jerjes. Ester se enfrentaba con un muro inamovible y la posibilidad de morir si hacía la movida equivocada. Ella respondió, no llamando a su peluquero, sino retirándose al cuarto de oración.

En lugar de apresurarse al salón del trono de Jerjes, Ester se humilló y entró en el salón del trono de Dios.

En la película que me gustaría que alguien hiciera, Ester lee las palabras de Mardoqueo y se desploma de cara al piso en su dormitorio. Están a punto de llevar a su nación al matadero. Habrá un baño de sangre y ella duerme con el rey que la ordenó. Sus criadas la ven caer al suelo y se apresuran a ayudarla. Ella no les hace caso. «Solo díganle esto Mardoqueo: me presentaré ante el rey. Aunque me cueste la vida. Pídeles a todos que oren».

Esta es una nueva Ester. Hasta este punto, ella había dependido de su hermosura. Ahora se arroja en los brazos de su Dios.

Pronto se presentará ante Jerjes. Pronto arriesgará su vida. Tratará de que revoquen una ley irreversible patrocinada por el hombre más poderoso del imperio y que tenía el sello de aprobación del rey. Ella sabe que la intervención de Dios es la única esperanza que tienen. Esta es una oración desesperada.

Tres días. Sin comida. Sin agua. Los miedos le robaban el sueño. La deshidratación resecó su piel y la dejó ojerosa. Ella oró una oración de lágrimas.

Ya sabes lo que pasó después. Cuando Ester entró en el salón del trono del rey, era otra vez de pies a cabeza una imagen de la perfección persa. El rey la miró y se le cayó la mandíbula al suelo. La Biblia dice que «se mostró complacido con ella y le extendió el cetro de oro que tenía en la mano» (Ester 5:2).

¿Complacido con ella? ¿Qué tal «descontrolado por culpa de ella»? ¿«Impresionado por ella»? ¿«Reducido a helado en una acera bajo el sol de julio al verla»? «Te concederé la mitad del reino», le dijo el rey, tragando saliva. Él era un muchacho en la escuela de enseñanza media; ella era una porrista universitaria. Lo entiendo.

Sin embargo, no fue su glamour lo que le abrió la puerta al salón del trono. Fueron sus oraciones. Ella se presentó ante el rey en toda su belleza solo después de permanecer ante el Rey en humildad. ¿No somos llamados a hacer lo mismo?

No pienses ni por un momento que tienes lo que hace falta para soportar este invierno. Ahora bien, tampoco pienses ni por un segundo que Dios no te dará lo que necesitas.

Hace muchos años, cuando nuestra familia vivía en Brasil, un cristiano recién convertido se acercó a uno de los líderes de nuestra iglesia con una pregunta. Había estado leyendo la Biblia (bien por él) y descubrió esta promesa: «Si ustedes creen, recibirán todo lo que pidan en oración» (Mateo 21:22).

«¿Nuestra iglesia cree este versículo?», se preguntó.

¿Qué puede responder un misionero? «Claro que sí».

«Entonces», planteó, «¿por qué trabajamos tanto y oramos tan poco?».

Buena pregunta. ¿Por qué lo hacemos? ¿Qué tal si lo único que se interpusiera entre una temporada revitalizadora y tú fuera la oración? No me refiero a un saludo superficial al «hombre de allá arriba». Estoy hablando de una oración sincera. No puedo pensar en una manera más sencilla —o más importante— en la que podamos asociarnos con Dios para provocar un cambio de rumbo.

¿Estás buscando la primavera? No necesitas más consejos de tus compañeros de pesca. No necesitas diez pasos fáciles para la

No pienses ni por un
momento que tienes
lo que hace falta para
soportar este invierno.
Ahora bien, tampoco
pienses ni por un
segundo que Dios no te
dará lo que necesitas.

felicidad, como se anuncian en la portada de un tabloide. No necesitas otro programa de entrevistas balbuceando palabrería psicológica. Necesitas la herramienta que encontró Ester, que encontró Daniel. Necesitas orar.

Daniel era solo un joven cuando lo llevaron cautivo a Babilonia en 605 A. C. Más adelante en su vida llegó a comprender el futuro de su pueblo. Se dio cuenta de que los setenta años del cautiverio profetizado estaban llegando a su fin. Él le presentó el asunto al Señor.

«Y ahora, Dios y Señor nuestro, escucha las oraciones y súplicas de este siervo tuyo. Haz honor a tu nombre y mira con amor a tu santuario, que ha quedado desolado.

Préstanos oído, Dios nuestro; abre los ojos y mira nuestra desolación y la ciudad sobre la cual se invoca tu nombre. Al hacerte estas peticiones, no apelamos a nuestra rectitud, sino a tu gran misericordia». (Daniel 9:17-18)

¿Qué palabra describe el tono de la oración de Daniel? ¿Elocuencia? ¿Autoridad? ¿Poesía idealista? No lo creo tampoco. ¿Qué te parece la palabra *humildad*?

«Escucha las oraciones y súplicas».

«Haz honor a tu nombre».

«Préstanos oído... abre los ojos y mira nuestra desolación».

«Apelamos... a tu gran misericordia».

Daniel se entregó a la misericordia del tribunal supremo.

Si alguien merecía que Dios lo escuchara, era él. Las Escrituras lo pintan como un hombre irreprochable. En él no hay indicio de adulterio, rebelión o infidelidad. En la Biblia, era un hombre santo. Sin embargo, en la presencia de Dios, este hombre santo presentó una oración desolada.

La oración conmovió tanto el corazón de Dios que un ángel fue enviado con un mensaje.

«Tu petición fue escuchada desde el primer día en que te propusiste ganar entendimiento y humillarte ante tu Dios. En respuesta a ella estoy aquí. Durante veintiún días el príncipe de Persia se me opuso, así que acudió en mi ayuda Miguel, uno de los príncipes de primer rango. Y me quedé allí, con los reyes de Persia. Pero ahora he venido a explicarte lo que va a suceder con tu pueblo en el futuro, pues la visión tiene que ver con el porvenir». (Daniel 10:12-14)

El ángel vino a ayudar cuando Daniel se arrodilló y oró.

En el momento en que inclinas tu cabeza para orar, Dios levanta su mano para ayudar. Tu Padre celestial quiere saber de ti. ¿Desesperado? ¿Sin opciones? ¿Sin soluciones? De ninguna manera. Ahora, más que nunca, es el momento de arrodillarte y suplicar misericordia.

> En el momento en que inclinas tu cabeza para orar, Dios levanta su mano para ayudar.

En esa situación me encontraba en el verano del 2020. El año nos estaba pasando factura a todos. La presencia de una pandemia y la ausencia de una vacuna habían sacudido al mundo. La Casa Blanca estaba en crisis y el mercado laboral era un desastre. Y, como si necesitáramos otro tsunami, un hombre negro en Mineápolis murió a manos de un policía blanco y Estados Unidos estalló de furia. La ira salió a las calles desde Nueva York hasta Portland.

En San Antonio, la ciudad donde he pastoreado desde 1988, un grupo de nosotros decidió hacer un llamado a la oración. Alquilamos el estacionamiento más grande de la ciudad. Diseñamos pancartas y organizamos un servicio de oración. Decidimos seguir el ejemplo de Mardoqueo y Ester y orar para pedirle ayuda a Dios. También decidimos arrepentirnos. «Si mi pueblo, que lleva mi nombre, se humilla y ora, y me busca y *abandona su mala conducta*, yo lo escucharé desde el cielo, perdonaré su pecado y restauraré su tierra» (2 Crónicas 7:14, énfasis añadido).

Tenemos que abandonar la mala conducta; arrepentirnos del pecado.

¿Pero de cuál pecado, Señor?, nos preguntábamos. *Son tantos.* Entonces, en las palabras más claras que jamás haya escuchado de Dios, llegó la respuesta: el pecado del racismo. Nuestra nación necesita arrepentirse por los siglos de opresión que les hemos impuesto a nuestros hermanos y hermanas negros.

Resultó que me pusieron a cargo de supervisar esta oración en toda la ciudad. No me entusiasmaba la idea de dirigir una oración de arrepentimiento por esta transgresión. Mis excusas eran muchas, y me aseguré de que el cielo las escuchara todas. «Pero yo no soy racista. No he hecho nada contra la comunidad negra. Nunca he hablado en contra de los afroamericanos».

Pero tampoco has dicho nada en su favor. Otra palabra clara de parte del Padre.

Recordé cómo Daniel presentó su apelación, cómo Mardoqueo hizo público su lamento, cómo Ester se negó a hablar con el rey hasta que hubiera hablado con el Rey.

Le pedí a un pastor negro que me acompañara en la plataforma. Con miles de personas presentes y decenas de miles conectadas en línea, me arrodillé en el altar y me arrepentí mientras él permanecía a mi lado.

Padre, de una sangre creaste cada nación de hombres y mujeres para habitar la faz de la tierra. Todos tenemos la misma sangre. No hay sangre negra. No hay sangre blanca. No hay sangre marrón. No hay sangre asiática. Solo hay una sangre.

Cuando moriste, derramaste tu sangre preciosa para que todas las personas de todas las naciones pudieran ser salvas. Este fue, y es, tu plan. Rojos, amarillos, negros y blancos. Todos somos preciosos a tus ojos. Sin embargo, no han sido preciosos a los nuestros.

Por ese pecado, oh Señor, nos arrepentimos.

Yo, Max Lucado, me arrepiento. Lamento haberme quedado callado. Mi cabeza ha estado enterrada en la arena. Mis hermanos y hermanas están heridos a la orilla del camino, y he caminado en un gran círculo para evitarlos. Los he hecho sentir menospreciados. No me di cuenta de su trauma.

Lo siento.

Lo sentimos. Nuestros antepasados estaban equivocados. Cuando compraron y vendieron personas, estuvo mal. Cuando reclamaron la superioridad sobre los negros, estuvo mal. Cuando se negaron a compartir las fuentes de agua, los autobuses y los restaurantes con tus hijos, cometieron pecado.

Por las veces en que tu iglesia te ha roto el corazón al negarles la entrada a tus hijos de color, suplicamos tu misericordia. Estamos de acuerdo contigo: eso estuvo mal.

Sana esta tierra, oh Señor. Tú puedes hacer lo que no pueden hacer las políticas y los políticos. Tú puedes derrumbar las murallas de la discriminación y el prejuicio. Por favor, en el nombre de Jesús, hazlo hoy.

¿Motivó la oración un avivamiento nacional? No puedo decir que fuera así. Sin embargo, la oración motivó a una joven afroamericana a decirme: «Eso es todo lo que necesitaba escuchar para no darme por vencida».

¿Estás, como Ester, enfrentando un desafío imposible? Entonces, imita a la reina.

Ester pudo haberse quedado escondida y no hacer nada. O pudo haberse apresurado a acudir ante la presencia de Jerjes. No obstante, eligió un remedio más sabio. Eligió la oración. Su historia nos insta a hacer lo mismo.

Este es el momento para tener una conversación sensata, con el rostro en el suelo y sin tapujos con el Señor de Todo. No es necesario desgarrar nuestra vestimenta, pero sí tenemos que quitarnos el revestimiento. Un ayuno de tres días es opcional, pero la oración de humildad genuina no lo es.

¿Cuál es tu versión de Jerjes? ¿Qué reto tamaño Amán estás enfrentando? ¿Está en peligro tu trabajo? ¿Tu ser amado se encuentra en un hospicio? ¿Se halla tu familia bajo ataque? ¿Tu fe está hecha pedazos? Retírate a tu cuarto de oración.

La reina pudo entrar al salón del trono de Jerjes porque había pasado tiempo en el salón del trono de Dios. Lo mismo es cierto en tu historia y la mía. Una vez que hayamos hablado con el rey del cielo estamos listos para enfrentar a cualquier rey en la tierra.

CONQUISTA:

LA MANO DE DIOS EN LOS DETALLES DE LA HISTORIA

Mardoqueo estaba soñando. En su sueño vio a Ester cuando era niña, corriendo por una colina cubierta de hierba hacia sus brazos. Su cabello volaba detrás de ella como cintas negras. Su risa hacía que las alondras del prado se sintieran celosas. Él la levantó hasta que estuvo lo suficientemente alta como para eclipsar el sol de la tarde.

En el sueño ella lo llamaba Abba, y aunque no lo era, Mardoqueo era el único padre que Ester había conocido. Él la bajó hasta el suelo y estaba a punto de perseguirla por el prado cuando...

—Despierta, Mardoqueo.

Él mantuvo los ojos cerrados y la quijada en su pecho. No quería levantarse.

—No puedes sentarte aquí como si fueras un mendigo.

Mardoqueo pestañeó. La luz de la luna iluminaba la silenciosa calle. Sintió la dura pared detrás de su espalda y el piso adoquinado bajo su trasero. Levantó su cabeza.

—¿Jegay?

—Sí —respondió su amigo.

—Debo haberme quedado dormido —balbuceó a través de sus labios secos.

—Ya casi amanece.

—¿Dormí toda la noche?

—Sí, estás cansado. Llevas tres días ayunando. Déjame comprarte algo para comer.

Mardoqueo se puso de pie.

—Todavía no. No hasta que escuche noticias de la reina.

Se sentía un poco mareado. Se recostó contra la pared. Su túnica de pelo de cabra raspó su piel.

—Por eso estoy aquí. Ella quiere verte.

—¿La reina?

—Sí, ven conmigo.

Mardoqueo colocó una mano en el hombro de Jegay y lo siguió de cerca. El patio estaba vacío, excepto por unos pocos guardias. Lucían aburridos. Mientras los dos hombres cruzaban un arco, Jegay arrojó una túnica bordada sobre los hombros de su amigo. Mardoqueo no se opuso. No le permitirían entrar por la puerta usando su humilde túnica de arrepentimiento.

Pronto llegaron a una puerta grande. Jegay la abrió y entraron. Jegay esperó junto a la puerta mientras Mardoqueo ingresaba a la habitación. Las lámparas pequeñas emitían suficiente luz para revelar una mesa grande. Algunas antorchas apagadas y equidistantes estaban en las paredes. Al fondo había una chimenea, con su fuego reducido a brasas. Mardoqueo conocía bien esta sala de banquetes. Hacía apenas una semana que podría haber estado aquí festejando y riendo con un séquito de fiesteros.

Sin embargo, todo eso cambió cuando reveló su origen étnico y se cubrió de cilicio y ceniza. Durante días había vagado por las calles de la capital. Sus gritos resonaron entre los arcos y parapetos. Sus días como diplomático habían terminado. Los días de los judíos estaban contados. Ellos necesitaban a alguien para defender su caso ante el rey. Ese «alguien» estaba de pie cerca del final de la larga mesa, esperándolo.

Él se acercó tanto como lo permitía el protocolo e inclinó su cabeza.

Luego la levantó y vio el rostro de ella, con rastros de lágrimas. Sus labios estaban resecos y agrietados. Solo vestía un traje sencillo.

—*Estoy lista* —*dijo.*

Su voz era firme, decidida, valiente.

—*¿Te presentarás ante el rey? ¿Sin que él te haya llamado?*

—*Sí.*

—*Si te recibe, sé directa con él.*

—*No, tengo que ser sutil.*

Mardoqueo ladeó su cabeza como una señal de pregunta.

—*Él solo conoce el lenguaje del placer. Lo hablaré.*

Ella le susurró sus planes. Él asintió.

—*Eso es sabio.*

Luego le dijo:

—*Visité varias veces la aldea de los judíos en estos últimos días. Están orando. Hasta los niños.*

La reina sonrió al imaginárselo.

—*¿Los niños?*

—*Sí. Me dieron un mensaje divino para que lo compartiera contigo.*

—*¿Un mensaje divino?*

—*Me detuvieron en la calle y lo citaron. "No temerás ningún desastre repentino, ni la desgracia que sobreviene a los impíos".*[1]

Ester asintió.

—*Que así sea. Que sus oraciones lleguen al cielo.*

Luego hubo un largo momento de silencio.

Ella extendió su mano, tan suave y limpia. Él la tomó entre las de él.

—*¿Abba?*

—*¿Hija mía?*

—*Si perezco... ¿entonces qué?*

Mardoqueo tragó con fuerza y suspiró.

—*Si pereces, verás a tu madre, a tu padre. Abraham te dará la bienvenida. Rut te recibirá...*

—*¿Y qué pasará con nuestro pueblo?*

—Aun así, Dios los liberará.

Ella asintió mientras él hablaba. La luz de las velas se reflejaba en sus ojos ahora húmedos.

Por un momento, ella no era la reina. Él no era un noble. Su pueblo no estaba sentenciado a muerte.

Los dos estaban en el campo, un campo de oro.

Jegay se acercó.

—Mi reina, llegó la hora —interrumpió.

Y con esas palabras, ella se fue.

Capítulo siete

DIOS HABLA MÁS ALTO CUANDO SUSURRA

El efecto mariposa no me consuela. Reflexionar en su posibilidad no me ofrece solaz. ¿Conoces la teoría de la que hablo? El efecto mariposa traza la existencia de un huracán en Florida a un insecto ocupado en África Occidental.[1] Dice algo así: una mariposa aletea sus alas en el momento preciso y agita la más pequeña de las ráfagas de aire. La ráfaga de aire crece y crece, ondulando alrededor del globo terráqueo hasta que se convierte en una tormenta caótica.

Estoy de acuerdo con la parte de la mariposa. ¿La idea de que cosas pequeñas pueden producir grandes acontecimientos? Todo el que haya plantado una semilla no cuestiona el poder de los comienzos modestos. No es el resultado lo que cuestiono; es el aspecto aleatorio. ¿Los seres humanos son víctimas de aleteos? ¿Ciudades enteras son arrasadas por el mar a causa de un insecto activo? ¿Somos solamente veletas azotadas por un destino sin rostro? ¿Quién encuentra consuelo en una filosofía de casualidad y accidentes?

Yo no, pero sí encuentro gran consuelo en promesas como estas:

Nuestro Dios está en los cielos y puede hacer lo que le parezca (Salmos 115:3).

Desde la eternidad y hasta la eternidad, yo soy Dios... nadie puede deshacer lo que he hecho (Isaías 43:13, NTV).

Dios nos eligió desde un principio, para que fuéramos suyos... Así lo había decidido Dios, quien siempre lleva a cabo sus planes (Efesios 1:11, TLA).

Un profeta preguntó: «¿Quién puede anunciar algo y hacerlo realidad sin que el Señor dé la orden?» (Lamentaciones 3:37).

Otro declaró: «Él actúa según su voluntad, tanto en el cielo como en la tierra. No hay nadie que pueda oponerse a su poder ni preguntarle por qué actúa como actúa» (Daniel 4:35, DHH).

Él aseguró: «Declaro el fin desde el principio y desde la antigüedad lo que no ha sido hecho. Yo digo: "Mi propósito será establecido, y todo lo que quiero realizaré"» (Isaías 46:10, LBLA).

La mariposa puede agitar, pero solo con el permiso de Dios puede un aleteo crear un huracán. Él es el «único y bendito Soberano, Rey de reyes y Señor de señores» (1 Timoteo 6:15).

Ciertamente, Dios estaba en la historia de Ester. Abróchate el cinturón de seguridad. Las siguientes escenas se desarrollan a una gran velocidad. El capítulo 5 comienza con Ester vestida otra vez de realeza y parada en el patio interior del palacio, lo suficientemente cerca como para que el rey pudiera echarle un vistazo a su reina y oler su perfume. «Cuando vio a la reina Ester de pie en el patio, se mostró complacido con ella y le extendió el cetro de oro que tenía en la mano. Entonces Ester se acercó y tocó la punta del cetro» (Ester 5:2).

(Sé de una buena fuente que cuando Jerjes extendió su cetro, estaba diciendo en jerga persa: «Oye, preciosa. ¿Qué te traes entre manos?»). Él no solo la invitó a entrar, sino que también le dio la bienvenida a su petición. «¿Qué te pasa, reina Ester? ¿Cuál es tu petición? ¡Aun cuando fuera la mitad del reino, te lo concedería!» (5:3).

Ester solicitó una cita para cenar. Una noche agradable para el rey, ella y Amán. Solo ellos tres, algo de charla, una botella de champán y algunas canciones de Frank Sinatra. El camino más rápido al corazón de un hombre es a través de su estómago, ¿cierto?

La noche fue todo un éxito. Amán salió con la barriga llena y la cabeza inflada. Su vida era buena. Era el consejero de confianza del rey y el asesor de la reina para asuntos de etiqueta. Iba sonriendo con deleite mientras caminaba por el patio del palacio y saludaba con la cabeza a la fila de sirvientes subordinados. ¿Podía la vida ser más dulce? Y entonces, vio a Mardoqueo sentado a la puerta del rey, todavía vestido con cilicio y ceniza, negándose a inclinarse. Amán se enfureció.

Adiós, buen humor. Hola, gruñidos. Amán regresó a su casa tan deprimido como un maratonista con juanetes. Reunió a sus amigos y su esposa y les dijo, sin ambigüedades, que Mardoqueo le estaba aguando la fiesta.

> —Es más —añadió Amán—, yo soy el único a quien la reina Ester invitó al banquete que le ofreció al rey. Y también me ha invitado a acompañarlo mañana. Pero todo esto no significa nada para mí, mientras vea a ese judío Mardoqueo sentado a la puerta del rey.
>
> Su esposa Zeres y todos sus amigos le dijeron:
>
> —Haz que se coloque una estaca de veinticinco metros de altura, y por la mañana pídele al rey que cuelgue en ella a Mardoqueo. Así podrás ir contento al banquete con el rey.
>
> La sugerencia le agradó a Amán, y mandó que se colocara la estaca. (Ester 5:12-14)

¡Un golpe quirúrgico! Sí, eso es. Envía el mensaje alto y claro. Destrucción para todos los disidentes. Muerte para todos los desobedientes. Amán ordenó que construyeran una horca que midiera veinticinco metros de altura. ¡Eso equivale a siete pisos y medio de alto! La horca persa no incluía una cuerda alrededor del cuello, sino una estaca que atravesaba el cuerpo. Amán se fue a la cama aquella noche pensando en Mardoqueo ensartado en un palo. No es la manera más agradable de quedarse dormido. Sin embargo, Amán no era una persona agradable.

Hablando de dormir, el rey Jerjes no podía conciliar el sueño. Estaba dando vueltas de un lado para otro en la cama. Golpeaba su almohada una y otra vez. Se sentó en el borde de la cama, gimió y eructó. Culpó a la salsa picante de la carne por su falta de sueño. Habría sido más sabio culpar a la mariposa del cielo.

Los desvelados modernos escuchan sermones de Lucado como tratamiento. Jerjes no tenía esa terapia, así que pidió que le leyeran (bostezo) el libro de crónicas. El asistente de la corte entró en la sala cargando un rollo pesado. Lo abrió y comenzó el sonsonete. Leyó las minutas de la última junta del consejo con un tono nasal monótono que habría anestesiado a un paciente para una cirugía baipás.

«Se ordenaron cuatro puertas para Susa».

«El rey aprobó la compra de cascos nuevos para el ejército».

«Se entregaron siete millones de sujetapapeles alrededor del reino».

«Mardoqueo salvó la vida del rey al reportar un intento de asesinato».

¡¿Qué?! El rey se sentó derecho en la cama y le dijo al lector: «¡Detente ahí mismo!».

¿Recuerdas este momento previo en la historia? Mardoqueo escuchó a dos insurgentes conspirando para matar al rey. Él le informó a Ester sobre el plan. La reina le informó a Jerjes. El rey sobrevivió. El incidente se registró en los libros y no hicieron nada por Mardoqueo. Hasta ahora.

«"¿Qué recompensa o reconocimiento le dimos a Mardoqueo por este acto?", preguntó el rey» (Ester 6:3, NTV).

Cuando el rey se enteró de que no se había hecho nada para honrar al hombre que le había salvado la vida, se puso furioso. ¿Cómo era posible? Mardoqueo, quien había protegido a la corona, no había recibido tan siquiera un reloj de oro. Jerjes saltó de la cama y comenzó a caminar de un lado para otro. Tenían que hacer algo. ¿Pero qué? Jerjes necesitaba el consejo de alguien.

Amán acababa de entrar en el patio exterior del palacio para pedirle al rey que colgara a Mardoqueo en la estaca que había mandado levantar para él. Así que el rey preguntó:

—¿Quién anda en el patio?

Sus ayudantes respondieron:

—El que anda en el patio es Amán.

—¡Que pase! —ordenó el rey. (Ester 6:4-5)

Era de madrugada. Los dos hombres estaban en el palacio real, con Mardoqueo ocupando sus pensamientos. Jerjes quería honrarlo. Amán quería ahorcarlo.

El rey mandó a llamar a Amán. Amán ahuecó sus plumas de pavo real y entró pavoneando en el patio real. Sin embargo, antes de que pudiera decir «buenos días», Jerjes le preguntó: «"¿Cómo se debe tratar al hombre a quien el rey desea honrar?" Entonces Amán dijo para sí: "¿A quién va a querer honrar el rey sino a mí?"» (Ester 6:6).

Con lo narcisista que era Amán, supuso que el rey quería halagarlo, pero que estaba siendo reservado al respecto. Después de todo, ¿quién era más digno de reconocimiento real? Él se sopló las uñas y las pulió contra su pecho. Se imaginó cómo sería el día. Cabalgaría a horcajadas sobre el corcel del rey, vistiendo la túnica real. La gente pavimentaría el camino con pétalos de rosa y se inclinaría ante él cuando desfilara. Él les tiraría besos y las personas se los reciprocarían. Sería grandioso.

Así que contestó:

—Para el hombre a quien el rey desea honrar, que se mande traer una vestidura real que el rey haya usado, y un caballo en el que haya montado y que lleve en la cabeza un adorno real. La vestidura y el caballo deberán entregarse a uno de los funcionarios más ilustres del rey, para que vista al hombre a quien el rey desea honrar, y que lo pasee a caballo por las calles de la ciudad, proclamando a su paso: "¡Así se trata al hombre a quien el rey desea honrar!". (Ester 6:7-9)

«Tremenda idea», contestó Jerjes el rey.

Por supuesto que lo es, pensó Amán el ególatra.

Lo que ocurrió después es uno de los momentos más grandiosos en la Biblia. «"Ve de inmediato", le dijo el rey a Amán, "toma la vestidura y el caballo, tal como lo has sugerido, y haz eso mismo con Mardoqueo, el judío que está sentado a la puerta del rey. No descuides ningún detalle de todo lo que has recomendado"» (Ester 6:10).

¿Podría haber algo mejor que esto?

En cuestión de minutos, era el Día de Mardoqueo en Susa, hasta con una banda de música repleta de «teléfonos Susa». (Disculpa, trate de resistirme). He aquí el primero de los varios cambios de la fortuna en esta historia.

La intención de Amán había sido poner a Mardoqueo en una estaca. En cambio, lo colocó en un caballo. Amán planificó llevar a Mardoqueo a la horca al son de abucheos. En cambio, lo llevó por las calles de la ciudad al sonido de vítores. Amán deseaba un desfile real. Ahora quería vomitar.[2]

¿Cómo se dice «justicia divina» en persa?

Después de la celebración «Amán regresó apurado a su casa, triste y tapándose la cara. Y les contó a Zeres, su esposa, y a todos sus amigos todo lo que le había sucedido» (Ester 6:12-13).

¿Quién se esperaba esto? ¿Quién habría podido imaginar un giro en U tan brusco como ese? ¿La respuesta? ¡Dios!

Dios orquestó todos los detalles. El rey con insomnio. La lectura detallada de las crónicas. La anotación en el libro sobre Mardoqueo. La entrada de Amán en el patio del palacio. ¿Quién podía hacer esto excepto el bendito Controlador de todas las cosas? «[Dios] hace que todas las cosas resulten de acuerdo con su plan» (Efesios 1:11, NTV).

Hasta en la esquina más pagana del mundo. Hasta en el corazón de un rey hedonista. Hasta en la interacción entre dos hombres que habían decretado la muerte de miles de judíos, Dios estaba obrando.

Y él todavía sigue obrando. ¿Piensas que las probabilidades están en tu contra? ¿Que incluso Dios está contra ti? ¿Te han llevado a creer que la vida es un lanzamiento de dados, y no puedes recordar la última vez que rodaron a tu favor? ¿Parece que tus buenas acciones pasan desapercibidas? ¿Que tu integridad no es recompensada?

Si es así, reflexiona en el aprieto de Amán y en el resultado de Mardoqueo. Dios cambió sus historias drásticamente. Amán comenzó el día sintiéndose grande y a cargo, entrando en el patio del palacio. Mardoqueo comenzó el día con cilicio y cenizas, orando a la sombra de una horca de siete pisos de alto que tenía su nombre. Sin embargo, de un momento al otro, Amán fue humillado y Mardoqueo recibió las llaves de la ciudad. El edicto de muerte de Amán se convirtió en plastilina en las manos de la providencia de Dios.

La próxima vez que escuches a alguien decir: «El diablo está en los detalles», corrígelo. Dios está en los detalles. Él obra en los momentos pequeños. Lo insignificante se convierte en significativo, porque Dios siempre está orquestando los detalles diarios de innumerables vidas a través de miles de años para hacer lo que él ha predestinado hacer.

Conozco a una madre que es testigo de esto. Por respeto a su privacidad, no revelaré su nombre. Sin embargo, les contaré su historia. Ella había decidido terminar con su vida. Las vicisitudes le habían pasado factura, y ya no podía enfrentarlas. Planificó su salida hasta el último detalle. Uno de esos detalles era un viaje a una librería a fin de comprar un libro infantil para sus hijos. Sería su regalo de despedida.

> Dios está en los detalles. Él obra en los momentos pequeños.

Ella le pidió una recomendación al dueño de la librería. Él la llevó al estante que tenía un libro titulado *Tell Me the Story* [Cuéntame la historia] de Max Lucado. La mamá lo compró. Sé lo que ocurrió después, porque me escribió una carta en el revés de la bolsa de la librería.

Esto es solo una breve nota para decirle «gracias» por su maravilloso libro, *Tell Me the Story*. Fui a la librería hoy con el fin de comprar regalos para varias personas. Por algunas semanas he estado jugando con la idea de suicidarme. Durante años he estado luchando por realmente «creer y sentir» que Dios es real. Compré esto como un «regalo de despedida» para uno de mis hijos. No tenía idea de lo que decía el libro, pero supuestamente era cristiano y tenía una cubierta bonita.

Durante las siguientes horas conduje, llorando. Estaba esperando a que mis hijos se durmieran para poder ir a la casa, dejar mis regalos y desaparecer para siempre.

Sin embargo, Dios me llevó por un pequeño desvío. Mi auto se quedó sin aceite y el motor comenzó a hacer ese ruido de «clic, clic». Traté de encontrar un establecimiento abierto que vendiera aceite de motor, pero todo estaba cerrado. Me sentí frustrada, ya que necesitaba mi auto en buenas condiciones por el tiempo suficiente para llegar a casa y luego volver a unas vías del tren cercanas.

Me detuve en un estacionamiento y estuve revisando los regalos y escribiendo notitas de ánimo en cada uno de ellos. Por alguna razón decidí «perder el tiempo» leyendo *Tell Me the Story*. Realmente me conmovió... sentí como si realmente pudiera «conocer» a Jesús de una manera distinta. En vez de quitarme la vida esta noche, voy a llegar a casa y seguir leyendo el libro. Quiero una relación con Dios... Voy a darle vuelta a mi auto, enviar esta carta por correo y leerles una historia a mis hijos.

Un rey no puede dormir.
Una mamá desalentada compra un libro.

Un doctor judío le habla de su fe cristiana a Aleksandr en una prisión rusa.

La historia de Aleksandr comenzó en 1918. La Rusia en la que nació estaba comenzando a sentir el asedio del comunismo que mataría de hambre a sus habitantes y destruiría a sus disidentes. Aleksandr, brillante y precoz, sabía desde los nueve años que quería ser escritor. Como tenía acceso a una biblioteca de clásicos en la casa de su tía, leyó a los gigantes de la literatura rusa, incluyendo a Dostoyevsky y Tolstoy.

Aunque estuvo expuesto a la fe ortodoxa de su madre, cuando era un joven adulto fue un discípulo de Marx y Lenin y leía ávidamente sus escritos. En la universidad, recibió la beca Stalin e iba en camino a una brillante carrera literaria o académica. Pero entonces, llegó la Segunda Guerra Mundial.

Moscú estaba sitiada, y a Aleksandr lo reclutaron para una unidad militar responsable de la transportación que utilizaba caballos. Lo ridiculizaban por sus logros académicos y su lenguaje culto. La vida de un soldado no era para él.

Sin embargo, comparado con lo que venía, esto era una luna de miel. Acusado falsamente de comunicarse con un espía, lo arrestaron el 9 de febrero de 1944. Él pensó que había sido un error y estaba convencido de que lo liberarían rápido. Se equivocó. Había quedado atrapado en la horrible corriente del totalitarismo soviético. Durante los siguientes ocho años, aterrizó en una sucesión de prisiones, unas mejores que otras, pero todas ominosas. Poco a poco su fe en el régimen disminuyó. ¿Pero qué la reemplazaría?

Gradualmente, la fe de su infancia comenzó a resurgir. Conoció a intelectuales cristianos, también prisioneros, que contribuyeron a su creciente convicción. Sin embargo, la piedra decisiva en el arco fue colocada en un campo de trabajo forzado en Siberia en enero de 1952, cuando un bulto grande y doloroso apareció en la ingle de Aleksandr. Lo diagnosticaron como canceroso. Mientras se recuperaba de una

Cuando el mundo
parezca estar
descarrilado, aférrate
a esta verdad: las alas
de una mariposa no
determinan el curso
de la historia. Dios sí.

operación, recibió la visita de un médico judío que acababa de convertirse en cristiano.[3]

Más tarde, Aleksandr lo describiría así:

Con fervor, él me cuenta la larga historia de su conversión del judaísmo al cristianismo... Estoy pasmado ante la convicción del recién convertido, ante el ardor en sus palabras...

No puedo ver su rostro. A través de la ventana solo llegan los reflejos diseminados de las luces del perímetro exterior. Y la puerta del pasillo brilla con un resplandor amarillo eléctrico. Pero hay un conocimiento místico en su voz que me estremece.[4]

Resulta que esa fue la última conversación en la vida del médico. Al día siguiente, lo apalearon hasta morir, acusado de ser un soplón. Aleksandr nunca olvidó la conversación.

Poco después siguió los pasos del médico, siguiendo los pasos del Mesías. Su pasión por Cristo, su amor por la escritura y su devoción a la libertad dieron lugar a libros que muchos consideran como unos de los mayores logros de la literatura. Lo presenté con su nombre. Reconocerás a Aleksandr por su apellido: Solzhenitsyn.

En su clásico *Archipiélago Gulag*, él describe su conversión.

Y ahora que me ha sido devuelta la copa de medir,

Y está recogiendo el agua viva,

¡Dios del Universo! ¡Creo otra vez!

¡Aunque renuncié a ti, tú estabas conmigo![5]

Algunos atribuyen la caída del comunismo oriental, en parte, a sus escritos. ¿Quién habría imaginado que en lo profundo de una cárcel construida sobre el ateísmo un corazón recurriría a Cristo y tocaría el mundo?

Otro giro divino.

El tuyo se avecina. Da por sentado que Dios está obrando. Avanza como si Dios estuviera avanzando en tu vida. No les des cuartel a las voces de la duda y el miedo. No te acobardes ante la lucha.

¿No puedes ver la mano de Dios? ¿No puedes entender sus caminos? Está bien. Obedece con lo que sabes hacer y sé paciente con lo que no conoces. «Los que confían en el SEÑOR renovarán sus fuerzas» (Isaías 40:31).

Cuando el mundo parezca estar descarrilado, aférrate a esta verdad: las alas de una mariposa no determinan el curso de la historia. Dios sí. Él lo hizo en los días de Ester. Todavía lo hace hoy.

Capítulo ocho

LOS MALVADOS
NO GANARÁN

U n episodio de 1962 del programa de televisión estadounidense *The Twilight Zone* [La dimensión desconocida]
cuenta la historia de un hombre egoísta e implacable. Este
hombre se refugia en su apartamento, preso debido a su creencia en
una gran teoría de conspiración. Él, y solo él, percibe el mundo tal cual
es: un planeta habitado por personas que merecen morir.

El episodio comienza, como todos los demás, con una introduc-
ción por parte del creador y narrador del programa, Rod Serling.
Él presenta al personaje egocéntrico. «Ese es Oliver Crangle, un tra-
ficante de pedantería y veneno». Luego procede a hablar sobre «la
metamorfosis de un fanático retorcido [Crangle], envenenado por la
gangrena del prejuicio, al estado de ángel vengador, recto y omnis-
ciente, dedicado y temible».

Crangle es un hombre sin empatía. Él se enfurece con personas que
no conoce. Exige que sus empleadores los despidan. Llama a la policía
para que los arresten. Crangle se sienta en un banquillo judicial de
arrogancia y dicta una sentencia de culpabilidad para todo el mundo.

Él urde un plan para deshacerse de la gente repugnante del mundo.
Le informa al FBI que a las 4:00 p.m. todas las personas despreciables
y malvadas del mundo serán fáciles de identificar y encarcelar. Crangle
los encogerá a una estatura de menos de un metro.

Finalmente se hará justicia. Los malhechores serán expuestos y lo
verán a él como el héroe que es. A medida que se acerca la hora fatí-
dica, Crangle apenas puede contener su emoción. Enloquecido por la

anticipación, se apresura a su ventana a las 4:00 p.m. para celebrar el día del juicio final. Sin embargo, por desgracia, es demasiado pequeño para mirar a través del vidrio. Él, Crangle, se ha encogido. Ahora mide menos de un metro de altura.[1]

¿Conoces a un Sr. Crangle? ¿Te has cruzado alguna vez con un opresor mezquino, egocéntrico y despreciable que mira el mundo desde una posición elevada de arrogancia? Estas personas abusan. Intimidan. Menosprecian. Esclavizan. Incluso buscan exterminar.

Amán era un Crangle. El villano en la historia de Ester vivía en un mundo de una sola persona. Todos los demás existían para inclinarse ante él. Cuando uno de ellos no lo hizo, Amán declaró su suerte y la suerte de su pueblo: la muerte. Sin embargo, la arrogancia de Amán duró poco. Su reinado de terror llegó a su fin en el comedor de Jerjes.

El rey y Amán fueron al banquete de la reina Ester, y al segundo día, mientras brindaban, el rey le preguntó otra vez:

—Dime qué deseas, reina Ester, y te lo concederé. ¿Cuál es tu petición? ¡Aun cuando fuera la mitad del reino, te lo concedería! (Ester 7:1-2)

Este era el banquete número dos. Mucho había ocurrido desde el banquete número uno. Amán conspiró para matar a Mardoqueo. Jerjes honró la dedicación de Mardoqueo. Amán, que exigía ser adorado, fue humillado. Mardoqueo, que se negó a adorar a Amán, fue celebrado. Amán estaba tan enojado y consternado que casi se pierde la fiesta.

El banquete número dos fue tan elaborado como el banquete número uno. El vino era abundante. Había muchísima comida. La festividad ayudó a Amán a olvidar su día miserable. Estaba a punto de servirse otra copa de vino cuando el rey le preguntó a la reina qué deseaba ella. Ya le había preguntado antes. Ester lo había pospuesto. Pero ahora era el momento adecuado. El ritmo cardíaco de Ester debe haberse acelerado a los tres dígitos mientras hablaba.

Si me he ganado el favor de Su Majestad, y si le parece bien, mi deseo es que me conceda la vida. Mi petición es que se compadezca de mi pueblo. Porque a mí y a mi pueblo se nos ha vendido para exterminio, muerte y aniquilación. Si solo se nos hubiera vendido como esclavos, yo me habría quedado callada, pues tal angustia no sería motivo suficiente para inquietar a Su Majestad. (Ester 7:3-4)

Las palabras claves son las cortas: *he... mi... nos...* a *mí* y a *mi* pueblo... muerte y aniquilación... Si solo se *nos* hubiera vendido como esclavos...».

Ester la reina persa reveló que era Ester la judía. Ella vinculó su destino con el destino de su pueblo. El silenció cayó en el salón como una cortina. Ciertamente, la cabeza del rey estaba dando vueltas. Le estaba dando trabajo conectar los puntos. *¿Alguien está conspirando para matar a los judíos? ¿Y tú eres judía? ¿Alguien está conspirando para matar a mi reina?*

El rey le preguntó:

—¿Y quién es ese que se ha atrevido a concebir semejante barbaridad? ¿Dónde está?».

—¡El adversario y enemigo es este miserable de Amán! —respondió Ester.

Amán quedó aterrorizado ante el rey y la reina. (Ester 7:5-6)

Amán, con su menos de un metro de altura, comenzó a temblar. Él no tenía ningún recurso. Tanto la mandíbula como su copa se le cayeron.

Jerjes salió de la habitación hecho una furia. Lívido. Hirviendo de coraje. Estaba enojado con Amán por haberlo tomado por tonto; enojado consigo mismo por haber sido uno.

Toda la sangre desapareció del rostro de Amán. Y si no actuaba rápido, pronto desaparecería de su cuerpo también. Se lanzó a la

Nuestro Dios es un
Dios justo. Nada
se le escapa. Nadie
se le escapa. Los
malvados no ganarán.

misericordia de Ester. Literalmente. Él cayó sobre el diván donde ella se encontraba. Jerjes regresó a la sala y vio a Amán inclinado hacia la reina. Amán, el que quiso matar a un judío por no inclinarse ante su presencia, fue sorprendido inclinado ante una judía. Las ironías continúan.

Los guardias cubrieron la cabeza de Amán y lo arrestaron (7:8). Uno de los oficiales del rey miró por la ventana, hacia la horca de veinticinco metros. «Su Majestad, si me permite darle una sugerencia...». Jerjes asintió y Amán entendió perfectamente.

Si bien queda mucho por resolver en la historia de Ester (específicamente, un edicto irreversible del rey para matar a los judíos), tenemos que resaltar un tema importante en este libro.

Nuestro Dios es un Dios justo.

Nada se le escapa. Nadie se le escapa. Los malvados no ganarán.

Belsasar aprendió esta verdad de primera mano. Él se convirtió en rey de Babilonia en 539 A. C., unos cincuenta y tres años antes del reinado de Jerjes.

En un banquete fatídico, Belsasar invitó a mil de sus nobles a celebrar con él. Se dice que su sala de banquetes medía alrededor de 500 metros de ancho por 1.6 kilómetros de largo. «Unas 4,500 columnas en forma de elefantes gigantes eran parte de las paredes».[2] Había música, festín y, adivinaste, mucho vino.

> Mientras brindaban, Belsasar mandó que le trajeran las copas de oro
> y de plata que Nabucodonosor, su padre, había tomado del templo
> de Jerusalén. Y así se hizo. Le llevaron las copas, y en ellas bebieron
> el rey y sus nobles, junto con sus esposas y concubinas. Ya borra-
> chos, se deshacían en alabanzas a los dioses de oro, plata, bronce,
> hierro, madera y piedra. (Daniel 5:2-4)

Cuando los ejércitos de Nabucodonosor saquearon el templo y lo quemaron hasta reducirlo a cenizas hacía unos cincuenta años, se llevaron todo lo que era valioso. Esto incluía la menorá, el altar del incienso, la mesa del pan sagrado, los cuencos y los cántaros. Estos utensilios permanecieron intactos en el almacén durante medio siglo hasta que Belsasar organizó este banquete. El rey ordenó que los utensilios del templo se utilizaran como copas de vino.

¿Por qué? ¿Se les estaban acabando las copas? ¿Se había roto la lavadora de platos? ¿Estaba en huelga el equipo de la cocina? No, solo había una razón. El rey quería blasfemar al Dios de Israel. Belsasar ridiculizó a Jehová. Usó los utensilios sagrados en una celebración ebria y pagana. Su irreverencia no pasó desapercibida. De la manga de la noche apareció una mano misteriosa.

> En ese momento, en la sala del palacio apareció una mano que, a la luz de las lámparas, escribía con el dedo sobre la parte blanca de la pared. Mientras el rey observaba la mano que escribía, el rostro le palideció del susto, las rodillas comenzaron a temblarle y apenas podía sostenerse. (Daniel 5:5-6)

¿Puedes imaginarte el momento? Una mano, separada de un cuerpo, apareció de la nada. Esta se movía bajo el resplandor de una lámpara. El dedo de la mano esculpió un mensaje en el yeso de la pared. La sala se volvió tan silenciosa como el sueño. Belsasar tembló tanto que colapsó. Su desprecio se convirtió en un ceño fruncido. Su jactancia se convirtió en un gemido. Lo único que escuchaba eran los latidos de su corazón.

Nadie podía descifrar el significado. El rey mandó a buscar a sus astrólogos y adivinos. «Interpreten el mensaje», les dijo, «¡y serán ricos y poderosos!». Sin embargo, ellos no tenían ni idea.

Su reina escuchó el alboroto y entró en la sala de banquetes. Cuando vio al rey, dijo: «No se ponga tan pálido ni tenga miedo. Hay un hombre en su reino en quien vive el espíritu de los dioses santos... Mande llamar a Daniel y él le dirá el significado de lo que está escrito en la pared» (Daniel 5:10-12, NTV).

Llamaron a Daniel. Para entonces, su cabello estaba plateado. Su espalda lucía ligeramente encorvada por los años. No obstante, su mente y su fe eran agudas y estaban afiladas como el acero. Belsasar le ofreció dinero y poder. Daniel le dijo al rey que se quedara con ambos. Luego le recordó al rey cómo Dios había castigado al padre de Belsasar con una etapa de locura. El hijo debió haber prestado atención. Pero no lo hizo.

«Sin embargo, y a pesar de saber todo esto, usted, hijo de Nabucodonosor, no se ha humillado. Por el contrario, se ha opuesto al Dios del cielo... Por eso Dios ha enviado esa mano a escribir lo que allí aparece: *Mene, Mene, Téquel, Parsin*.

»Pues bien, esto es lo que significan esas palabras:

»*Mene*: Dios ha contado los días del reino de Su Majestad, y les ha puesto un límite.

»*Téquel*: Su Majestad ha sido puesto en la balanza, y no pesa lo que debería pesar.

»*Parsin*: El reino de Su Majestad se ha dividido, y ha sido entregado a medos y persas».

...Esa misma noche fue asesinado Belsasar, rey de los babilonios, y Darío el Persa se apoderó del reino. Para entonces, Darío tenía sesenta y dos años. (Daniel 5:22-31)

En el preciso momento en que Daniel estaba interpretando la profecía, los ejércitos de los medos y persas se arrastraban por los acueductos subterráneos, preparándose para tomar la ciudad. Belsasar nunca vio venir el ataque. La toma de poder fue rápida y absoluta. La poderosa nación de Babilonia se desplomó, Belsasar fue asesinado, y nosotros recibimos un recordatorio aleccionador: nuestro Dios es un Dios justo.

«Por tanto, considera la bondad y la severidad de Dios» (Romanos 11:22). Bondad y severidad. No podemos tomar una e ignorar la otra. Dios es bueno. Pero también es severo.

Rara vez discutimos este atributo de nuestro Padre. ¿La bondad de Dios? Frecuentemente se menciona. ¿Su perdón? Es el tema de muchos sermones. ¿Los himnos que proclaman su misericordia? Son demasiados para contarlos. No obstante, ¿canciones que reconozcan su ira, que consideren el día del castigo? Muy pocas.

La Biblia, por otro lado, no es tímida en lo que respecta al tema. Por curiosidad, comparé el número de referencias bíblicas acerca de los dos temas. La ira de Dios se menciona más de ciento cincuenta veces; su misericordia, treinta y dos veces.[3] Sin duda, es correcto proclamar la bondad de Dios. Sin embargo, es un error descartar la justicia divina. Dios es bondadoso con los que confían en él, pero toma en serio el castigo de aquellos que lo desestiman.

> Es correcto proclamar la bondad de Dios. Sin embargo, es un error descartar la justicia divina.

Para algunos, esta es una palabra de advertencia. No pienses ni por un momento que Dios se hace de la vista gorda ante los actos de rebelión y malicia. «Él juzgará a cada uno según lo que haya hecho» (Romanos 2:6, NTV). El adulterio de hoy es el divorcio de mañana. La tolerancia de hoy es la adicción de mañana. La deshonestidad de hoy es el despido de mañana. Y lo más importante, desestima a Dios en esta vida y él te desestimará en la próxima.

Para otros, esto puede ser una palabra de consuelo. Los Amanes se abren paso hacia nuestros mundos, y cuando lo hacen, la página de nuestro calendario cambia a enero y los vientos fríos comienzan a soplar. Nos preguntamos: *¿Sabe Dios lo que está haciendo este Amán? ¿Le importa a Dios mi sufrimiento? ¿Enfrentará Amán a la justicia algún día?*

O para tomar prestadas las palabras del salmista: «Dios mío, ¿no piensas hacer nada?» (Salmos 35:17, TLA). O la pregunta de Jeremías: «¿Por qué prosperan los malvados?» (Jeremías 12:1). ¿Tienen carta blanca los malvados? ¿Quedan impunes los opresores? ¿Se salen con las suyas los Amanes y los Hitlers, las turbas de linchamiento y los justicieros?

La respuesta de la Biblia es un rotundo ¡*no*! Dios «ha fijado un día en que juzgará al mundo» (Hechos 17:31). ¿El agresor que se aprovechó de ti? Dios lo sabe. ¿El funcionario de gobierno que malversó el dinero de los pobres? Dios lo sabe. ¿El fanático que se enfureció, el misógino que violó, el abusador que menospreció? Dios lo sabe.

¿Y qué del inocente? ¿Cuántos millones de personas han pasado sus vidas en asilos para pobres, campos de trabajos forzados o como víctimas del tráfico sexual? Dios sabe de todos ellos. «Dios es juez justo, y Dios está airado contra el impío todos los días» (Salmos 7:11, RVR1960).

La justa indignación de Dios está en ebullición, y su llamado para ti y para mí es directo: ¡involúcrate! «Quien cierra sus oídos al clamor del pobre llorará también sin que nadie le responda» (Proverbios 21:13).

Cuando pides a gritos: «¡Dios, haz algo!», él dice: «Ya lo hice. Te creé».

El profeta Isaías vivió en un tiempo en que la injusticia y la inmoralidad eran la orden del día. «No se ve la verdad por ninguna parte; al que se aparta del mal lo despojan de todo. El SEÑOR lo ha visto, y le ha disgustado ver que no hay justicia alguna. Lo ha visto, y le ha asombrado ver que no hay nadie que intervenga» (Isaías 59:15-16).

No era suficiente que el pueblo de Dios anhelara justicia. Dios los llamó a ser creadores de justicia.

> Cuando pides a gritos: «¡Dios, haz algo!», él dice: «Ya lo hice. Te creé».

> «El ayuno que a mí me agrada
> es que liberen a los presos
> encadenados injustamente,
> es que liberen a los esclavos,

es que dejen en libertad a los maltratados
y que acaben con toda injusticia;
es que compartan el pan
con los que tienen hambre,
es que den refugio a los pobres,
vistan a los que no tienen ropa,
y ayuden a los demás.
»Los que ayunan así
brillarán como la luz de la aurora,
y sus heridas sanarán muy pronto.
Delante de ellos irá la justicia
y detrás de ellos,
la protección de Dios». (Isaías 58:6-8, TLA)

La justicia ocurre en la medida en que nos alineamos con la mano de equidad de Dios. Cuando lo haces, cuando enseñas a un niño discapacitado a caminar o leer, cuando cuidas a un anciano con la vista borrosa o que está perdiendo la memoria, cuando buscas apoyo para los marginados u oprimidos, logras algo que continuará en el mundo futuro. Es algo maravilloso restaurar obras de arte, autos antiguos o casas en ruinas. Pero es algo sagrado restaurar la dignidad humana. Eso es lo que está haciendo Charles Mulli.

Él creció como el mayor de diez hijos en una pequeña aldea en el condado Machakos, Kenia. Su padre era violento. Su educación fue pobre. A los seis años, la familia de Mulli lo abandonó. Lo dejaron con una tía. Sobrevivía mendigando de casa en casa, de pueblo en pueblo. Amargado por el abandono y el abuso de su padre, Charles contempló quitarse la vida. La redención llegó como una invitación para visitar una iglesia. A los dieciocho años, Mulli encontró a Jesús y, al hacerlo, halló la determinación para mejorar su destino.

Caminó los setenta kilómetros hasta Nairobi y allí tocó puertas, buscando trabajo. Lo contrataron para hacer tareas domésticas en la

Es algo maravilloso
restaurar obras de arte,
autos antiguos o casas
en ruinas. Pero es algo
sagrado restaurar la
dignidad humana.

casa de un hombre de negocios rico. Animado por el nuevo comienzo, Charles recibió una posición como administrador en la compañía del hombre. Con el tiempo, comenzó su propia empresa, Mullyways, ofreciendo transportación entre la capital y las aldeas locales. El éxito lo seguía a todas partes. Expandió su negocio a las industrias de petróleo, gas y bienes raíces, y finalmente compró cincuenta acres de tierra en la región de Ndalani para su jubilación futura.

Un día, su historia dio un giro durante un viaje de negocios. Un grupo de niños callejeros le ofreció vigilar su auto a cambio de dinero. Él se rehusó, solo para descubrir cuando regresó que su auto ya no estaba allí. En el viaje en autobús de regreso a su casa comenzó a luchar, no por sentir coraje con los ladrones, sino por sentirse desilusionado consigo mismo. Había olvidado sus propios comienzos. Había ignorado a los niños callejeros. ¡Después de todo, eran exactamente como él!

Durante tres años luchó con su conciencia. Finalmente, en noviembre de 1989, a los cuarenta años, dejó atrás sus compañías para rescatar a niños de la calle. Él escuchó la voz de Dios: «No dejarás que mis niños sufran. Tienes que rescatarlos y convertirte en el padre de los huérfanos». Aunque ya tenía ochos hijos, él y su esposa acogieron a tres niños de la calle. Seis años después estaban cuidando a trescientos. Al momento de escribir este libro, las seis localidades de su ministerio reciben aproximadamente a tres mil quinientos niños, y han servido a alrededor de veintitrés mil niños.

«Salí a la calle con un propósito: rescatar niños», explicó Mulli. «Cada niño necesita comida, amor, techo, educación, protección, [un] futuro bueno y promisorio. ¿Quién, entonces, podía alcanzarlos con ese amor de Cristo? Yo era uno de ellos, uno que estaba perdido».[4]

Mulli se convirtió en parte de la solución.

Cuando hacemos lo mismo, cuando unimos nuestras manos a las de Dios, la justicia recibe oxígeno y la opresión se esconde en una esquina.

Que quede claro, se acerca el día en que Dios equilibrará de una vez y por todas la balanza de la justicia. La gloria del nuevo reino tendrá el sello distintivo de la prosperidad y la justicia. En la próxima vida no habrá necesidad de misiones de rescate, programas de bienestar social, albergues para desamparados ni organizaciones de ayuda humanitaria. Dios prometió:

> «Mi pueblo construirá casas,
> y vivirá en ellas;
> sembrará viñedos y campos de trigo,
> y comerá pan y beberá vino.
> Mi pueblo tendrá una larga vida,
> y podrá disfrutar del trabajo de sus manos.
> »Mi pueblo no trabajará en vano,
> ni sus hijos morirán antes de tiempo.
> Porque yo los bendeciré
> a ellos, a sus hijos y a sus nietos».
>
> (ISAÍAS 65:22-23, TLA)

Hasta entonces, asociémonos con él en la búsqueda de lo correcto. El alivio vendrá, y podemos ser parte de él. Defiende a los oprimidos. Únete a la causa de los pobres. Recuerda los aprietos de los olvidados, y al hacerlo, disfruta de la aprobación de Dios.

En esencia, depende de cada uno de nosotros escoger silenciar a los Amanes del mundo a través de la bondad y el amor. Cuando hablas a favor de los olvidados y defiendes a los oprimidos, la justicia tiene una oportunidad, y a Satanás le da una rabieta. Él ni siquiera puede mirar por la ventana. Después de todo, solo mide menos de un metro.

Capítulo 9
EL DIOS DE LOS GIROS RADICALES

Dalia es una misionera cristiana entre los musulmanes de su país natal. Ella vive donde los cristianos no son bienvenidos. Por esa razón no voy a decirte su verdadero nombre ni el nombre de su patria. ¿Pero su historia? Merece que la oigas.

Ella planta semillas en un suelo pedregoso. Después de décadas de servicio solo ha visto un puñado de conversiones. Una es una mujer que Dalia conoció hace una década. La llamaremos Ayesha. Ambas eran solteras en aquel momento. Dalia era viuda. Ayesha nunca se había casado. Se conocieron en una clase de costura. Después de unos meses se hicieron amigas. Y bajo un manto de secreto, Ayesha se hizo amiga de Jesucristo.

Estaba creciendo en su fe y profundizando sus raíces espirituales cuando se enamoró. Su pretendiente no era creyente. Él no sabía que ella lo era. Ella temía decirle. De hecho, como Ayesha le dijo a Dalia, en su país había tan pocos hombres cristianos que si esperaba para casarse con uno, posiblemente nunca tendría una familia. En contra del consejo de Dalia, Ayesha aceptó la propuesta de matrimonio del hombre.

Ella hizo el compromiso de leer su Biblia todos los días. «La esconderé donde él no pueda encontrarla», prometió. Y así lo hizo. Se casó con su marido musulmán y escondió su Biblia cristiana.

Pocos meses después de la boda, Dalia tuvo un sueño. En él, Dios le dijo que hablara con el esposo de Ayesha acerca de Jesús. Se despertó sudando frío. ¡No podía hacer eso! Para empezar, en su cultura patriarcal las mujeres no inician conversaciones con los hombres, especialmente los hombres casados. Y en su mundo musulmán, los cristianos viven con miedo a la persecución. Si revelaba su fe corría peligro de muerte.

Aun así, Dios había hablado. Dalia le contó el sueño a Ayesha. Y, como Ester, idearon un plan.

Dalia invitó a la pareja a cenar. Durante la comida los invitó a ver una película; una película estadounidense sobre Jesús. Para alivio de ambas mujeres, el esposo pensó que la idea era inofensiva. Fijaron la fecha para ver la película en casa de la pareja. Dalia y Ayesha oraron durante días.

Cuando la noche finalmente llegó, Dalia se tranquilizó y salió hacia la casa de ellos. Comieron y luego comenzaron a ver la película *Jesús*. Como una de las herramientas de evangelización más efectivas en la historia, esta película ha sido traducida a más de mil seiscientos idiomas hablados en todo el mundo, incluyendo el dialecto de Dalia y sus amigos.

Mientras miraban la película, Dalia observaba constantemente al esposo de Ayesha y se preguntaba qué estaría pensando. Él no daba ninguna señal. Cuando se terminó, el trío se sentó en silencio. Después de una larga pausa, él se levantó y se fue a la habitación adyacente. Las mujeres se miraron, sin saber qué hacer. ¿Estaba enojado? ¿Se había ido? No lo sabían. Pronto regresó, sosteniendo la Biblia que Ayesha había escondido.

«Sé que has estado leyendo este libro», dijo.

Ellas se quedaron sin aliento. Entonces, para su sorpresa, él añadió: «Yo también. He estado leyendo sobre este Jesús. Me gustaría conocer más sobre él».

Los ojos de Dalia se llenaron de lágrimas. El corazón de Ayesha se llenó de esperanza. Con el tiempo, el esposo se convirtió en cristiano. Él y su esposa están criando a sus hijos para que conozcan a Jesús.[1]

De un momento a otro, la historia del hogar de Ayesha dio un giro. Y esto nos recuerda una vez más que no hay condición tan oscura, ni situación tan difícil, ni problema tan grave como para que Dios no pueda intervenir, cambiarla o invertir el curso de los acontecimientos. ¿Acaso no es esta la promesa de la historia de Ester?

El capítulo 9 de Ester comienza con estas palabras:

> El edicto y la orden del rey debían ejecutarse el día trece del mes doce, que es el mes de *adar.* Los enemigos de los judíos esperaban dominarlos ese día; pero ahora *se habían invertido los papeles,* y los judíos dominaban a quienes los odiaban. (v. 1, énfasis añadido)

Otras traducciones dicen:

> «sucedió lo contrario» (RVR1960).
> «ocurrió todo lo contrario» (NTV).
> «cambiaron las tornas» (BLP).
> «sucedió lo contrario» (NBLA).

Las versiones varían, pero establecen la misma verdad: Dios es el Dios del giro inesperado.

Toda buena historia tiene uno. Toda buena película tiene una escena que deja al espectador pensando: *jamás lo habría esperado.* Un buen escritor perfecciona el arte de desviar el arco de la narrativa: lo que el lector pensaba que ocurriría no pasó, y lo que sucedió, el lector nunca se lo imaginó.

¿Qué ocurrió exactamente en el caso de Ester? Dios ablandó un corazón duro.

> Ese mismo día el rey Asuero le dio a la reina Ester las propiedades de Amán, el enemigo de los judíos. Mardoqueo se presentó ante el rey, porque Ester le había dicho cuál era su parentesco con ella. (Ester 8:1)

Recuerda, este es Jerjes. Con un gesto de su mano podía deshacerse de la reina. Con una impresión de su anillo podía condenar a toda una raza. Cuando subía el pulgar, la gente vivía.

¿Cuándo bajaba el pulgar? Nadie esperaba una respuesta gentil del rey. Sin embargo, un rey superior estaba obrando.

> El rey [Jerjes] se quitó el anillo con su sello, el cual había recuperado de Amán, y se lo obsequió a Mardoqueo. Ester, por su parte, lo designó administrador de las propiedades de Amán. (Ester 8:2)

El anillo con el sello real que en un momento adornó la mano de Amán ahora adornaba la mano de Mardoqueo, como un obsequio de parte del rey. Los giros se siguen acumulando. Sin embargo, a pesar de todo lo bueno que había ocurrido, algo terrible estaba a punto de suceder.

> Luego Ester volvió a interceder ante el rey. Se echó a sus pies y, con lágrimas en los ojos, le suplicó que pusiera fin al malvado plan que Amán el agagueo había maquinado contra los judíos. (Ester 8:3)

El pueblo de Ester no estaba fuera de peligro. Los judíos todavía se encontraban bajo una sentencia de muerte. La ley era irrevocable. Ni siquiera Jerjes podía anularla. La mayoría de las sociedades modernas tienen la libertad de cambiar una ley si se demuestra que es desfavorable. Sin embargo, la antigua Persia veía al rey como un ser divino. ¡Un edicto suyo no podía revocarse, ni aunque él quisiera hacerlo! (Extraño, lo sé).

Tal vez estés enfrentando algo similar. ¿Estás frente a una pared infranqueable o un desafío imposible?

Entonces te encantará lo que ocurrió después.

Jerjes enmendó la ley. El rey le dijo a Ester: «Redacten ahora, en mi nombre, otro decreto en favor de los judíos, como mejor les parezca, y séllenlo con mi anillo real. Un documento escrito en mi nombre, y sellado con mi anillo, es imposible revocarlo» (Ester 8:8).

¡Esta fue una solución alternativa! El rey no podía revocar la ley, así que escribió una segunda ley. La ley de los medos y los persas no podía cambiarse. Por lo tanto, de este modo «el rey autorizaba a los judíos, en cualquier ciudad donde vivieran, a reunirse para defender sus vidas» (Ester 8:11, DHH).

El edicto fue enviado en el mes tercero (8:9), y esto les daba a los judíos nueve meses para prepararse. El mismo día en que los judíos estaban destinados a morir, le asestaron un golpe al imperio antisemita, matando a setenta y cinco mil hombres. El terror que Amán había causado fue dominado, su familia fue destruida y Mardoqueo fue ascendido a la posición del nuevo primer ministro de Persia.

Apenas unas pocas páginas atrás, Amán había convencido al hombre más poderoso del mundo para que declarara una cacería de todos los judíos y sus posesiones. El panorama al final del capítulo tres no podría haber sido más sombrío.

Amán era duro de corazón y pretencioso.

Jerjes estaba desconectado y ajeno a todo.

Todos los hijos y las hijas de Abraham tenían un precio por sus cabezas. Intolerancia. Odio. Xenofobia. Avaricia. Esas fuerzas tenían el éxito asegurado. Por lo menos, eso parecía. Pero entonces llegó *el desfile de las peripecias.*

Si necesitas un sinónimo para *giro inesperado,* trata *peripecia.* Este es un recurso literario que describe un cambio repentino en la trama. Es ese momento en el libro que provoca que no puedas irte a la cama, ya que no puedes creer lo que acaba de pasar. En el caso de Ester:

Mardoqueo encontró el valor y se negó a inclinarse.

El ayuno de tres días de Ester resultó en una oleada repentina de valor.

Ester le contó al rey lo que Amán planeaba hacer. Amán se convirtió de segundo al mando en una brocheta en una estaca. Mardoqueo pasó de estar vestido con cilicio y ceniza a ponerse las túnicas reales. El pueblo de Dios pasó de Ester 4:3 a Ester 8:16.

En Ester 4:3: «Había gran duelo entre los judíos, con ayuno, llanto y lamentos. Muchos de ellos, vestidos de luto, se tendían sobre la ceniza».

Sin embargo, en el momento en que llegamos al capítulo 8: «Para los judíos, aquel fue un tiempo de luz y de alegría, júbilo y honor» (v. 16).

¿Te encuentras en el cuarto capítulo de la historia de Ester? ¿Están tus días marcados por el duelo, el ayuno, el llanto y los lamentos? ¿La promesa de un giro inesperado parece demasiado lejana, demasiado remota?

Tal vez una enfermedad te haya pasado su factura. Quizás la tristeza te haya robado la alegría. Es posible que vivas bajo la sombra de un Amán. Le rindes cuentas a un adulador egocéntrico. Tus funcionarios electos están desconectados de la realidad. Estás casado con un cónyuge que no es el mismo cónyuge con el que te casaste. El color de tu piel no es el color que acepta tu cultura.

Las luchas de la vida te han robado la vida de tu vida, y no sabes a dónde ir. Te han decepcionado demasiadas veces. Y estás muy, muy cansado.

Si esto te describe, lo siento. De verdad lo lamento. Es terrible, lo sé. Pero te insto —con cada onza de energía que puedo reunir, te insto— a no rendirte ante la desesperación. La anaconda de la desesperanza te exprimirá la vida. No puedes darte por vencido. Simplemente no puedes hacerlo. Hay mucho en juego.

Tu Biblia te invita a creer que se avecina una peripecia.

- Abraham y Sara eran viejos y estériles un día, y al siguiente tenían los ojos desmesuradamente abiertos y ella estaba embarazada. Peripecia.
- José se acostó a dormir una noche como un prisionero egipcio. A la noche siguiente se fue a dormir como el primer ministro de Egipto. Peripecia.

- El mar Rojo era infranqueable en un minuto y un sendero al siguiente. Peripecia.
- Josué marchó siete veces alrededor de la ciudad de Jericó. Después de rodear los muros seis veces, estaban de pie. Después de la séptima ronda eran escombros. Peripecia.
- Goliat desafió a Israel durante cuarenta días. Pero entonces David cargó su honda con algo de peripecia y la lanzó. El gigante cayó al suelo.
- Los cuatrocientos cincuenta profetas de Baal se burlaron de Jehová, pero entonces Elías oró y una peripecia llena de fuego cayó del cielo.
- En un momento, los leones querían comerse a Daniel, pero al siguiente no podían abrir sus bocas. Sus quijadas fueron inmovilizadas por la peripecia divina.

¿Percibes el ritmo? En las manos de Dios, ningún libreto es predecible, ninguna trama es inevitable, ningún final es seguro. Él siempre está a una vuelta de página de un giro inesperado. Por amor de Dios, mira al establo en Belén. ¿Quién esperaba esto? O, mejor dicho, ¿quién lo esperaba a *él*? Dios, dormido en un pesebre, todavía húmedo después de salir del vientre de María. En un momento, sostenía el universo, al siguiente apretaba el dedo meñique de María.

Él es el Dios de los giros radicales.

El giro más radical ocurrió en un cementerio en las afueras de Jerusalén. Jesús el Cristo era Jesús el cadáver. Sin pulso. Sin aliento. Sin esperanza. Envuelto más apretado que una momia egipcia y enterrado por tres días en una tumba prestada. Sus enemigos brindaron por el Mesías muerto.

¿Y sus seguidores? No estaban esparcidos por las provincias de Persia, pero estaban escondidos en los armarios vacíos y los rincones de Jerusalén por miedo a una cruz que llevaba sus nombres. Su mundo estaba hecho pedazos. Sus corazones estaban hechos añicos.

En las manos de Dios,
ningún libreto es
predecible, ninguna
trama es inevitable,
ningún final es seguro.

Ellos habían dejado todo para seguir a Jesús. Los pescadores dejaron sus redes. Los recaudadores de impuestos dejaron sus trabajos. Lo dejaron todo. Y ahora parecía que Jesús les había devuelto el favor. Él los había dejado. Gracias a tres clavos y a una cruz, la luz del mundo se había apagado... o eso parecía. El Salvador de la humanidad no pudo salvarse a sí mismo... o eso parecía. La esperanza del cielo era un fraude. El redentor era una broma. Jesús, el Hijo de Dios, había sido derrotado por el diablo, el Amán del infierno... o eso parecía.

Y justo cuando toda la alegría estaba perdida, ¡peripecia! Su corazón comenzó a latir. Las pestañas se abrieron de par en par. Las manos perforadas se alzaron, y Jesús se levantó y puso su talón justo en la cabeza de Satanás.

Y cuando lo hizo:

«Se invirtieron los papeles».
«Sucedió lo contrario».
«Ocurrió todo lo contrario».
«Cambiaron las tornas».
«Las cosas sucedieron al revés».

No importa cómo lo escribas, el anuncio del Domingo de Resurrección es el mismo: «¡[Cristo] no está aquí! Ha resucitado tal como dijo que sucedería. Vengan, vean el lugar donde estaba su cuerpo» (Mateo 28:6, NTV).

El Dios de los giros radicales llevó a cabo su obra máxima.

¿Quién dice que él no tiene un giro en tu futuro? No permitas que la mitad de la historia te confunda. No te dejes llevar por la prosperidad de los malvados o el aparente éxito de los Amanes del mundo. En cambio, enfoca tu vista en el autor de tu salvación.

No hay individuo, institución, organización, sociedad o país que esté más allá de la influencia de Dios. Repito, nadie está más allá de su mano soberana. «En las manos del Señor el corazón del rey es como un río: sigue el curso que el Señor le ha trazado» (Proverbios 21:1).

Como testigo de esta verdad, me gustaría llamar a alguien al estrado: Vinh Chung. Sus ojos oscuros brillan. Sus pómulos se elevan con su sonrisa siempre presente. Su enorme constitución le sirvió bien en Arkansas, donde jugó fútbol americano en la escuela secundaria, y en Australia, donde jugó rugby. Su currículum impresiona a los más impresionantes. Es un dermatólogo galardonado, con un diploma de Harvard. Sin embargo, su declaración importa no a causa de donde está hoy, sino debido a donde estaba cuando tenía tres años.

Cuando tenía tres años y medio, mi familia se vio obligada a salir de Vietnam y huir a un lugar que nunca antes habíamos escuchado, en el corazón de Estados Unidos llamado Arkansas.

Soy un refugiado.

Mi familia se fue a dormir en un mundo y despertó en otro... Llegamos a este país solo con la ropa que vestíamos y sin saber una palabra en inglés; mi familia ahora tiene veintiún títulos universitarios, incluyendo cinco maestrías y cinco doctorados de instituciones como Harvard, Yale, Georgetown, Stanford, George Mason, Michigan y Arkansas.

Pero en julio de 1979, mi familia estaba casi muerta de deshidratación en un barco pesquero abandonado con noventa y tres refugiados perdidos en medio del mar del sur de China.

Cómo llegamos de allí a aquí es tremenda historia.[2]

> ¿Quién dice que Dios no tiene un giro en tu futuro?

Vinh Chung nació en el sur de Vietnam apenas ocho meses después de que cayera en manos de los comunistas en 1975. Su familia era rica y controlaba un imperio de arroz que valía millones de dólares. Sin embargo, a los pocos meses de la toma del poder comunista, lo perdieron todo. Confiscaron su negocio y los desalojaron de su casa.

Como sabían que sus hijos no tendrían futuro bajo el nuevo gobierno, los Chung decidieron huir del país. En 1979 se unieron a los legendarios balseros y navegaron hacia el mar del sur de China, a pesar de que sabían que aproximadamente doscientos mil vietnamitas ya habían perecido a manos de los piratas despiadados y las aguas turbulentas.

Ellos abordaron un barco desvencijado con otros trescientos fugitivos. Las condiciones de vida eran aborrecibles. La comida estaba racionada. El agua potable era escasa. El sueño era raro. Las náuseas eran comunes. Unos piratas tailandeses asaltaron el barco y se llevaron sus escasas posesiones.

Por fin, los Chungs llegaron a una playa en Malasia. El campamento de refugiados los rechazó. Los militares malayos golpearon a los hombres e hicieron caminar a la familia durante días a través de arenas calientes. La madre de Chung casi muere a causa de un aborto espontáneo y la pérdida de sangre. Cuando un segundo campamento de refugiados tampoco los aceptó, las autoridades malayas metieron a los vietnamitas en pequeños barcos pesqueros, los arrastraron al mar y los soltaron.

Noventa y tres personas iban apretadas, piel contra piel, bajo el sol candente. Solo tenían un galón de agua. Les dieron el contenido de una tapa del líquido preciado solo a los niños. El barco no tenía motor ni velas. La gente no tenía remos. Las aguas siempre ondulantes los mantenían mareados. El calor los mantenía sedientos. El horizonte vacío no les ofrecía esperanza.

Después de cinco días en alta mar, el Sr. Chung hizo algo que su familia nunca le había visto hacer. Miró los rostros deshidratados y hambrientos, se levantó de su posición con las piernas cruzadas, se arrodilló en el centro del barco y oró. *Sé que hay un Dios Creador. Sé que tú nos creaste y no quieres que muramos de esta manera. Así que, si estás escuchando, por favor, envía lluvia.*

En cuestión de unos momentos, el cielo se oscureció y llovió. Sin relámpagos. Sin truenos. Solo alivio. Sintieron una mejoría temporal del calor. No obstante, las familias todavía estaban a la deriva. Al sexto día, el calor y el miedo regresaron.

No tenían manera de saberlo, pero la ayuda venía en camino.

Nunca conocí a Stan Mooneyham. Sin embargo, estoy muy familiarizado con su legado. Él fue presidente de World Vision de 1969 a 1982. World Vision es una de las organizaciones de ayuda más grandes del mundo. Al escuchar a los veteranos hablar de Stan, descubres que era imparable. Una historia de personas olvidadas o maltratadas lo impulsaba a una oleada de actividad. Cuando escuchó sobre los balseros, puso manos a la obra de inmediato.

World Vision fletó un buque de desembarco de la Segunda Guerra Mundial, lo cargaron con alimentos, agua, combustible diésel y suministros médicos, y zarparon del puerto de Singapur. Para cuando rescataron el barco donde estaba la familia Chung, la *Operación Seasweep* ya había salvado a cientos de refugiados en el mar del sur de China.

Según Mooneyham, el barco donde iba la familia Chung no estaba a más de un día de hacerse pedazos. Él subió a los exiliados a bordo y comenzó el tratamiento. La travesía de cuatro días hasta Singapur consistió de descanso, recuperación y estudios bíblicos. El Sr. Chung no era un hombre religioso. ¿Por qué asistió entonces al servicio eclesiástico? Él quería saber por qué estas personas los habían rescatado mientras que el resto del mundo los había ignorado.

¿La respuesta de Mooneyham? Jesús. Mooneyham describió el amor de Cristo por los no amados, su compasión y bondad. Vinh Chung escribiría más adelante: «[Mi padre] reconoció de repente que todos los acontecimientos aparentemente aleatorios de su vida tenían un propósito... En aquel momento mi padre sintió que habían arrojado todo su pasado al mar del sur de China; él era libre, había sido perdonado. Ahora sabía que el Dios Creador tenía un nombre y un rostro, y mi padre supo que jamás sería el mismo».[3]

Hay mucho más en la odisea de esta familia. Sin embargo, quizás estos párrafos son suficientes para demostrar mi creencia de que el Dios de Ester y Mardoqueo está vivo y bien. Él todavía escucha las oraciones de los exiliados y todavía usa a los fieles para alcanzarlos.

¿Necesitas que te rescaten?

¿Estás disponible para rescatar a alguien?

De cualquier manera, sigue orando. Sigue confiando. Tu historia no ha terminado. Hasta donde sabes, quizás estés a un día de distancia de una peripecia transformadora. Esta noche podría ser la noche en que Jerjes no duerma y se desencadene una serie de acontecimientos que cambiarán tu vida para siempre. Los giros inesperados sí ocurren.

No obstante, tienes que permanecer en el juego. Mardoqueo lo hizo. Ester lo hizo. Dalia y Ayesha lo hicieron. Los Chungs lo hicieron. Mooneyham lo hizo. Todos pudieron haber tomado un camino diferente. Ellos eligieron el camino de la fe. Y debido a que lo hicieron, cada una de sus historias dio un giro para mejorar.

Lo mismo sucederá con tu historia, amigo mío. Lo mismo sucederá con la tuya.

Capítulo diez

UN PUEBLO PURIM

Hay un insecto enorme en medio de Enterprise, Alabama. Está sobre la estatua de una mujer griega. Ella tiene sus brazos de mármol blanco extendidos por encima de su cabeza, algo parecido a la Estatua de la Libertad. A diferencia de su homóloga más famosa, la dama de Alabama no sostiene una antorcha. Ella sostiene un insecto. Bueno, hablando estrictamente, sostiene un tazón y en el tazón hay un gorgojo del algodón. El insecto pesa cincuenta libras y lo celebran en una placa cercana: «Con profundo aprecio por el gorgojo del algodón y lo que ha hecho como el heraldo de la prosperidad».

La estatua fue erigida en 1919. Al insecto lo añadieron treinta años después. ¿Quién hace algo así? ¿Quién le da importancia a un feo gorgojo del algodón? Desde que llegó de México en 1892, la alimaña le ha costado a la industria algodonera más de veintitrés mil millones de dólares. Este insecto les hace a los campos de algodón lo que los adolescentes le hacen a la pizza. Los devoran en un momento. En la década de los veinte, los gorgojos del algodón estaban haciendo fiesta con las cosechas en Alabama. Ellos no podían ni lograban erradicarlos.

Entonces, ¿por qué honrarlos con una estatua? La respuesta a esta pregunta envuelve a un vendedor de semillas llamado H. M. Sessions. Él vio lo que estaba ocurriendo con el cultivo comercial y supo que tenía que actuar. En 1916, en un viaje por Virginia y Carolina del Norte, Sessions vio sembradíos de maní. También descubrió que el maní era inmune al gorgojo del algodón. Así que regresó a su casa con semillas de maní y se las vendió a C. W. Baston. Baston las sembró y ganó ocho mil dólares con su nueva cosecha. Él saldó sus deudas y todavía le quedó dinero. La voz se corrió rápidamente. Los agricultores se montaron en el autobús del maní y lo condujeron directamente al banco. En 1919, cuando el flagelo del gorgojo del algodón estaba causando sus peores estragos, Coffee County, Alabama, era el mayor productor de maní en Estados Unidos.[1]

Hablemos sobre tus gorgojos del algodón, ¿te parece? Alimañas que devoran el algodón han entrado en tu mundo. Plagas indeseables, ¿no es así? Sinvergüenzas que te pasan factura. ¿Cómo se atreven a darse un festín con tu cosecha? Ahora los graneros están vacíos y las preguntas abundan. ¿Qué hago? ¿Adónde recurro?

Permíteme añadir otra pregunta a tu lista. ¿Podrían los insectos ser realmente una bendición? El gorgojo del algodón se llevó mucho, sin duda. No obstante, sin el insecto, no habría habido cosecha de maní. O, en tu caso, sin las luchas no hay fuerza. Sin las montañas no hay cima. Sin los contratiempos no hay regreso, y hay un regreso esperando por ti. Sí, estoy diciendo lo que crees que estoy diciendo: los gorgojos del algodón nos hacen mejores.

Este es el himno de la historia de Ester.

El pueblo judío, que una vez eran los alegres habitantes de Israel, ahora estaba esparcido como hojas secas en un viento invernal. No tenían templo. No tenían patria. No tenían líder. ¿Dónde está el Josué del momento? ¿El David o Elías? No estaban por ningún lado. Los judíos eran pececitos sin líder en un océano llamado Persia.

¿Y Persia? Su rey era una canalla. Su jefe de personal era un delincuente. Los dos judíos prominentes, Mardoqueo y Ester, habían elegido mantener en secreto su nacionalidad.

No era el mejor tiempo para el pueblo del pacto de Dios. Había gorgojos del algodón por todas partes.

Pero entonces Mardoqueo y Ester sembraron algunos maníes. Él adoptó una postura. Ella asumió un riesgo. Amán murió en su propia horca. Los judíos tomaron las armas y derrotaron a los persas. El día en que estaba pautada su derrota se convirtió en el día de una victoria incuestionable. «[Jerjes] ordenó por escrito que el malvado plan que Amán había maquinado contra los judíos debía recaer sobre su propia cabeza, y que él y sus hijos fueran colgados en la estaca» (9:25). Y «Mardoqueo fue preeminente entre su pueblo y segundo en jerarquía después del rey Asuero. Alcanzó gran estima entre sus muchos compatriotas, porque procuraba el bien de su pueblo y promovía su bienestar» (10:3).

Hubo celebraciones de victoria en todas las esquinas. Se había escrito un nuevo capítulo en la historia del pueblo judío. Ellos entendieron que podían abrazar su identidad, aun en el exilio, y confiar en la mano escondida de Dios. No era necesario ocultar su nacionalidad. Una persona de fe puede ser una persona de influencia. Mardoqueo, el hombre en la puerta, se convirtió en Mardoqueo, el judío en la corte. Ester, la reina callada, se convirtió en Ester, la heroína judía. Toda la nación experimentó una «refundación del pueblo judío sobre una base completamente distinta».[2] Fue un tipo de avivamiento, un renacimiento.

Para asegurar que los judíos recordaran este momento, Mardoqueo y Ester encargaron una conmemoración anual.

> Mardoqueo registró estos acontecimientos y envió cartas a todos los judíos de todas las provincias lejanas y cercanas del rey Asuero, exigiéndoles que celebraran cada año los días catorce y quince del mes de *adar* como el tiempo en que los judíos se libraron de sus enemigos, y como el mes en que su aflicción se convirtió en alegría, y su dolor en día de fiesta. Por eso debían celebrarlos como días de banquete y de alegría, compartiendo los alimentos los unos con los otros y dándoles regalos a los pobres. (Ester 9:20-22)

El libro de Ester no termina con la victoria en la batalla. Termina con un llamado a recordar. Así como los cristianos leen la historia del nacimiento de Cristo en la Navidad, los judíos leen la historia de Ester durante la celebración de Purim. La festividad conmemora el día en que ocurriría la ejecución; un recordatorio de que el día llegó y pasó, y los judíos todavía están en pie.

Las celebraciones de Purim son bulliciosas, algo así como una fiesta de máscaras. Hay abundancia de comida, bebida y disfraces. Según se va leyendo la historia, la audiencia reacciona. El nombre Amán provoca fuertes abucheos, gruñidos y gritos. La idea es amortiguar el sonido de su aparición.

«En un pasaje controversial del Talmud, se instruye a los judíos a beber vino [en Purim] hasta que no puedan diferenciar entre las frases "maldito es Amán" y "bendecido es Mardoqueo"».[3] Esta práctica no se recomienda para la iglesia.

Una tradición más razonable sería hornear *hamantaschen*, un postre de hojaldre de tres esquinas relleno con jalea. La jalea oculta es un recuerdo del escondimiento de Dios.[4]

Me gusta esa tradición. La jalea es dulce y sabrosa, y cuando está oculta dentro de una rosquilla, descubrirla es una sorpresa. Me gusta la idea de que la presencia de Dios, exquisita y escondida, se cuece en la historia de la redención. Y aprecio el valor de una celebración de dos días en la que las personas de fe repasan el día y la manera en que su Dios prevaleció.

Tendemos a olvidar.

Tendemos a olvidar que Dios está a nuestro favor, no en contra nuestra. Que Dios está cerca de nosotros, no lejos de nosotros. Que Dios está ocupado, no durmiendo. Tendemos a olvidar que Dios puede crear belleza de las cenizas, alegría de la aflicción, un ejército de un valle de huesos secos, y regocijo de la angustia. Necesitamos conmemoraciones que refresquen nuestra memoria.

Una de las conmemoraciones de Purim más profundas no incluyó vino ni postre de hojaldre. No había ninguno de los dos. Los oficiantes apenas estaban vivos. La congregación consistía de ochenta hombres hacinados en una choza semienterrada. El tifus y la disentería habían destrozado sus cuerpos. Sus ropas colgaban de sus cuerpos frágiles como trapos. Subsistían con una porción diaria de pan y sopa. No tenían esperanza, ni solución. Eran prisioneros de Auschwitz.

J. J. Cohen estaba entre ellos. Era un adolescente que vivía en un gueto polaco cuando lo llevaron a un campo de concentración. Él sobrevivió el holocausto, y más tarde recordó el día en que los prisioneros conmemoraron Purim. Tomaron un pedazo de papa y un trocito de pan, y los pasaron de persona a persona, para así cumplir con la tradición de ofrecerse regalos de comida los unos a los otros. A Cohen, que era un jovencito, le tocó contar la historia de Ester.

> Cuando leí en voz alta sobre la caída de Amán... la chispa de esperanza dentro del corazón de cada judío se encendió y se convirtió en una antorcha ardiente... Cuando terminé, todos aplaudieron. Por un breve instante, habíamos olvidado la terrible realidad del campo de concentración, todo el hambre y el sufrimiento habían disminuido. Al haber usado en mi lectura de la [historia] hasta la última gota de energía que me quedaba, me senté casi sin aliento, pero mi espíritu se había remontado... Y como un río desbordándose de su cauce, el ambiente festivo y la visión de la redención brotaron de los corazones quebrantados de los prisioneros del campo.[5]

Trato de imaginarme a esos hombres, a esos hombres esqueléticos. Inclino un oído hacia ese momento para escuchar su alegría, anémica pero triunfante. Y me pregunto: *¿Qué tipo de historia puede hacer esto? ¿Qué tipo de narrativa tiene el poder de elevar los espíritus de unos hombres casi muertos?*

¿Acaso no necesitamos una historia así hoy día?

Tenemos una.

El plan de Satanás para matar al Hijo de Dios fue derrotado en la cruz que él diseñó para Cristo. ¿Sabías que el diablo quiso vomitar cuando se dio cuenta de que la cruz, una herramienta de muerte, se había convertido en un instrumento de vida? Si Satanás hubiera sabido que la muerte del Mesías significaría muerte para él y vida para nosotros, nunca habría crucificado a Jesús.

Él jamás lo sospechó.

Así que para que nunca olvidáramos este momento, Jesús nos dio nuestra propia celebración de Purim. En la víspera de su crucifixión,

[Jesús] tomó un poco de pan y dio gracias a Dios por él. Luego lo partió en trozos, lo dio a sus discípulos y dijo: «Esto es mi cuerpo, el cual es entregado por ustedes. Hagan esto en memoria de mí».

Después de la cena, tomó en sus manos otra copa de vino y dijo: «Esta copa es el nuevo pacto entre Dios y su pueblo, un acuerdo confirmado con mi sangre, la cual es derramada como sacrificio por ustedes». (Lucas 22:19-20, NTV)

Estas palabras son hermosas para los cristianos. Sin embargo, deben haber despertado la curiosidad de los apóstoles. ¿Cuerpo entregado? ¿Sangre derramada? ¿Qué de bueno puede salir de esto?

Y en cuanto a ti. Tu mundo hecho trizas. Tu fe resquebrajada. Tus sueños frágiles. ¿Puede salir algo bueno de esto?

Ester dice: «Sí».

El Domingo de Resurrección dice: «Sí».

Purim dice: «Sí».

La Santa Cena dice: «Sí».

Esta es la promesa de Dios.

De nosotros solo depende recibirla. Recibe la copa. Recibe el pan. Recibe el postre de hojaldre con su dulzura escondida.

No te dejes llevar por las malas noticias. No caigas víctima de las voces del pánico y el caos. No creas demasiado en todo lo que te digan. Tienes un Dios bueno que posee un buen plan, y ese plan se revela en su buen libro. La confusión y la crisis de hoy serán la conquista de mañana.

Mi amiga Linda aceptó su invitación. Su vida ha sido devastada por un huracán Katrina de problemas. Ella creció en un hogar sin amor en el oeste de Pensilvania. Su madre la despedía de su casa todas las mañanas con una papa cruda, un paquete de fósforos y el recordatorio: «Regresa a casa por la noche». Linda y Nancy, su hermana mayor, jugaban sin vigilancia todo el día en un bosque cercano, encendían un fuego para cocinar sus papas como almuerzo, nadaban en el arroyo y volvían a casa cuando caía el sol. Una noche su cena consistió en el conejito mascota de Linda, frito y tirado sobre la mesa de la cocina.

Linda no recuerda ninguna expresión de afecto de su padre, ni que pronunciara su nombre siquiera. Ella pudo terminar la escuela secundaria, se graduó de la universidad y se casó con un hombre que había sentido el llamado a servir como misionero en México. Se mudaron

> La confusión y la crisis de hoy serán la conquista de mañana.

a un área remota, donde las condiciones eran básicas y sombrías. Le fue posible soportar la vida como misionera. Pero no la vida con su esposo. Él era un hombre enojado, abusivo. Linda temía por su vida y las vidas de sus cuatro hijos. Ellos escaparon tomando un autobús a Arlington, Texas, en 1981. Llegó con una maleta, sin dinero y el número de teléfono de una amiga.

Encontró un trabajo con el salario mínimo y alquiló un pequeño apartamento. Durante los primeros tres años durmió en el suelo. Los niños compartían colchones que compró en el mercado de pulgas. Para ahorrar dinero, trabajaba todos los días en su tiempo de almuerzo. Como trabajaba mientras otros comían, era más productiva que sus compañeros de trabajo. Su supervisor se dio cuenta y le dio horas extras y más responsabilidades.

Poco a poco, ella y su familia salieron de la pobreza. Sus jefes la promovieron y finalmente la trasladaron a Houston. Fue allí donde se

Reconsidera la lucha
como lo que es, una
oportunidad para que
Dios haga otra vez lo
que mejor hace: darle
un giro radical a una
historia y resucitar
vida de la muerte.

puso en contacto con Junior Achievement. Esta organización existe para ayudar a los niños a romper el ciclo de la pobreza por medio de la educación y el trabajo duro. ¡Esa era la historia de Linda! La organización la contrató, y Linda prosperó hasta convertirse en la directora ejecutiva de Asia, el Pacífico y las Américas. Ella tenía a su cargo cincuenta y cinco países en los cinco continentes. Junior Achievement estima que anualmente Linda intervino en tres millones de vidas, y que un total de treinta y dos millones de vidas fueron transformadas a causa de su influencia.

Sin embargo, entonces enfrentó otro desafío: ELA (esclerosis lateral amiotrófica). Vi cómo esta enfermedad terminó con la vida de mi padre. Y está causando estragos en el cuerpo de Linda. Pero no le está robando su alegría. Todavía sonríe rápido y aún más rápido le agradece a Dios por su vida.

«¿Cómo lo haces?», le pregunté. «¿Cómo enfrentas estos retos sin amargura?».

Su respuesta es sencilla: «Cuando estás sola, solo puedes mirar en una dirección, y es hacia arriba. La gente me ha fallado, pero Dios nunca lo hecho».[6]

¿Podrías usar un poco de su determinación? Todos podríamos.

Cree lo que Dios dice. Te reto a hacerlo. Te reto por partida doble. Redefine la manera en que ves esta temporada de invierno. Reconsidera la lucha como lo que es, una oportunidad para que Dios haga otra vez lo que mejor hace: darle un giro radical a una historia y resucitar vida de la muerte.

Los gorgojos del algodón no son rivales para nuestro Padre bueno.

Capítulo once

FUISTE CREADO PARA UN MOMENTO COMO ESTE

C uando tenía doce años de edad, asumí la responsabilidad durante el verano de cuidar las casas de los vecinos que se iban de vacaciones. Fue idea de ellos, no mía. Tres familias que vivían una al lado de la otra planeaban estar fuera de la ciudad por un mes. Cada familia necesitaba que alguien cortara el césped, alimentara a sus mascotas, regara sus jardines. En resumen, querían asegurarse de que sus propiedades estuvieran bien cuidadas. Ellos me invitaron a aceptar el trabajo. Para ser preciso, le pidieron a mi papá que me preguntara si accedía a realizar el trabajo. Él no me lo preguntó. Me lo informó. Yo no quería hacerlo. Después de todo, tenía partidos de béisbol de las Ligas Pequeñas que quería jugar, una bicicleta que quería montar y... hum, hum, hum... Esas eran las únicas dos razones que podía dar. No me sirvieron de nada.

Antes de darme cuenta, estaba sentado con cada una de las familias, haciendo listas de las tareas que necesitaba realizar para ellos. Recuerdo que caminé a mi casa, después de salir de las viviendas de mis vecinos, sintiendo algo que nunca había sentido antes. Me sentí abrumado. Perdóname si mi carga te parece insignificante comparada con la tuya. Recuerda, solo tenía doce años. ¿Cortar el césped, alimentar a las mascotas y asegurarme de que las puertas estuvieran cerradas en tres casas por un mes? Una familia tenía un pez dorado, ¿puedes creerlo? Nunca había alimentado a un pez dorado. Me imaginé que un día encontraría al pececito flotando de costado por haberle dado muy poca comida... o demasiada.

Sin embargo, ya no tenía salida.

En el primer día de mi carrera no solicitada, me apresuré para llegar a casa desde la práctica de béisbol, salté a mi bicicleta y pedaleé como un loco hasta las residencias. Tenía que cortar tres céspedes. Tenía que vigilar tres casas. Tenía que revisar tres juegos de cerraduras. Tenía que alimentar las mascotas de tres familias. Tenía que regar tres jardines. Esto era demasiado para cualquier ser humano.

Justo cuando estaba a punto de descubrir el significado de la frase «ataque de pánico», la vi. Estaba estacionada frente a la casa del medio. Blanca, ancha, acaba de salir de un día en el campo petrolífero. La camioneta de mi papá. Él estaba allí. La puerta del garaje se encontraba abierta y la podadora se hallaba en el camino de entrada.

«Empieza a cortar el césped», me dijo. «Yo voy a regar las plantas».

Con esas palabras todo cambió. Las nubes se disiparon. Podía enfrentar la tarea porque mi padre la estaba llevando a cabo conmigo.

Tu Padre quiere hacer lo mismo contigo.

Las temporadas de lucha pueden ser un tiempo engañoso para el corazón humano. Somos presa fácil de la desesperanza y la derrota. Nos alejamos de la gente, le damos la espalda a Dios, y nos convertimos en almas temerosas y cínicas. La desesperanza puede ser una temporada peligrosa. Sin embargo, también puede ser un tiempo de desarrollo, un tiempo en el que aprendemos a depender de Dios, aferrarnos a su Palabra y confiar en sus caminos.

La decisión es nuestra. Para ayudarnos a elegir el camino sabio, Dios nos dejó la maravillosa y asombrosa historia de Ester. Antes de cerrar con broche de oro nuestro análisis de la historia, repasemos el pasaje que constituye el punto de giro en el libro. Mardoqueo se deshizo de su disfraz persa. Por miedo a la muerte de su pueblo, él es la imagen de la angustia. Se viste con cilicio y cenizas. Le suplica a Ester que intervenga.

Ella se resiste. ¿Atreverse a arriesgar su vida y apelar al voluble Jerjes? La respuesta de Mardoqueo es sorpresivamente sobria.

«Si ahora te quedas absolutamente callada, de otra parte vendrán el alivio y la liberación para los judíos, pero tú y la familia de tu padre perecerán. ¡Quién sabe si no has llegado al trono precisamente para un momento como este!». (Ester 4:14)

Mardoqueo no está usando una retórica vehemente hueca. Él está hablando con absoluta seriedad. Su mensaje tiene un doble impacto: un llamado a la fe y un llamado a la acción.

El llamado a la fe: *¡el alivio vendrá!* ¿Sabía Mardoqueo *cómo* vendría el alivio? ¿Podía proveer el plan para la liberación? No veo ninguna razón para pensar que ese era el caso. Solo puedo suponer que se aferró a la Palabra de Dios. Él recordó la liberación que Dios le había prometido al pueblo judío.

Dios...

- sería su Dios y ellos serían su pueblo. (Jeremías 32:36-38)
- los reuniría de todos los países. (Ezequiel 37:24-28)
- enviaría un rey a través de ellos y a ellos para establecer un reino eterno. (2 Samuel 7:16; Mateo 1:21)

Mardoqueo se acordó de los pactos. ¿Confusión? Sí. ¿Crisis? Sin duda alguna. Pero por encima de todo esto estaba el carácter cumplidor de pactos de Dios.

¡El alivio vendrá! Este era el mensaje de Mardoqueo para Ester. Y este es el mensaje de Dios para ti. ¿Sientes que las luchas te han hecho pedazos? Entonces, permite que Dios libere el poder que está en ti para enfrentarlas. Aparta tu atención de los desafíos que enfrentas y reflexiona en el poder de tu Dios todopoderoso.

¿Recuerdas la pregunta que les hizo a Abraham y Sara? Él les prometió un hijo, aunque ambos ya eran viejos para concebir. Sara se rió al pensar en un recién nacido brincando sobre sus rodillas.

Pero el Señor le dijo a Abraham:

—¿Por qué se ríe Sara? ¿No cree que podrá tener un hijo en su vejez? ¿Acaso hay algo imposible para el Señor? (Génesis 18:13-14)

Esta es la pregunta que tenemos que hacer. ¿Acaso hay algo imposible para el Señor? ¿Se da él por vencido alguna vez porque el problema es demasiado grande? ¿Acaso él tira la toalla y se rinde? ¿Mueve la cabeza al escuchar una petición de oración y dice: «No puedo lidiar con ese problema»?

La respuesta, la grata respuesta, es: «No, no hay nada imposible para el Señor».

> Tu problema no es que tu problema sea muy grande, sino que tu visión de Dios es demasiado pequeña.

Tienes que partir de aquí. No midas la altura de la montaña. Reflexiona en el poder de Aquel que la creó. No le digas a Dios cuán grande es tu tormenta. Dile a la tormenta cuán grande es tu Dios. Tu problema no es que tu problema sea muy grande, sino que tu visión de Dios es demasiado pequeña.

Acepta la invitación del salmista: «Engrandezcan al Señor conmigo; exaltemos a una su nombre» (Salmos 34:3).

Nuestra tendencia es a agrandar nuestros temores. Miramos con una lupa el diagnóstico, la enfermedad o la deuda.

¡Basta ya! Medita menos en el caos y más en el Maestro. Menos en los problemas y más en su poder.

A veces me pregunto si la iglesia ha olvidado lo inmenso que es Dios. Visita una congregación cualquier domingo, y lo más seguro es que encontrarás a un grupo de personas sentadas en sillas cómodas, escuchando un mensaje alentador sobre un Dios que nos mantiene a gusto.

¿Conocemos a Aquel ante quien nos reunimos? ¿Entendemos que los demonios le temen y huyen al escuchar su nombre? ¿Que los ángeles han

Medita menos en
el caos y más en
el Maestro. Menos
en los problemas y
más en su poder.

estado cantando «santo, santo, santo» desde la creación y que todavía no lo han cantado lo suficiente? ¿Que solo un vistazo de la gloria de Dios provocó que Isaías, el profeta, implorara pidiendo gracia, y Moisés, el patriarca, se escondiera bajo la protección de una roca? ¿Comprendemos su grandeza? ¿Su gloria, fuego y poder? Si lo hiciéramos, probablemente entraríamos al santuario vistiendo cascos y una armadura.

¿Acaso estamos padeciendo de una pérdida del asombro? Y si es así, ¿cuáles son las consecuencias?

Esto es lo que pienso. Un Dios débil produce un corazón débil. Pero un Dios grande produce un santo firme.

Permítele ser grande.

«"¿Con quién, entonces, me compararán ustedes? ¿Quién es igual a mí?", dice el Santo» (Isaías 40:25).

Como declaró Moisés: «¿Quién, SEÑOR, se te compara entre los dioses? ¿Quién se te compara en grandeza y santidad?» (Éxodo 15:11).

Y el salmista preguntó: «¿Quién en los cielos es comparable al SEÑOR? ¿Quién como él entre los seres celestiales?» (Salmos 89:6).

Como San Agustín oro:

¿Qué eres, pues, Dios mío? ¿Qué eres, vuelvo a preguntarte, sino el Señor Dios? Porque, ¿quién es Dios fuera del Señor, quién es Roca fuera de nuestro Dios? Excelentísimo, buenísimo, poderosísimo, todopoderosísimo, muy misericordioso y justo, muy escondido y presente, muy hermoso y fuerte, estable e incomprensible, inmutable pero que lo cambia todo, nunca nuevo y nunca viejo, renovador de todas las cosas, Tú llevas a los soberbios a su desgracia, sin que se den cuenta, siempre actuando y siempre quieto, siempre recogiendo y nunca necesitado; siempre sosteniendo, llenando y protegiendo; siempre creando, alimentando, perfeccionando; buscando sin necesitar nada.[1]

Medita en la obra de sus manos.

«Pero interroga a los animales,

y ellos te darán una lección;

pregunta a las aves del cielo,

y ellas te lo contarán;

habla con la tierra, y ella te enseñará;

con los peces del mar, y te lo harán saber.

¿Quién de todos ellos no sabe

que la mano del Señor ha hecho todo esto?

En sus manos está la vida de todo ser vivo,

y el hálito que anima a todo ser humano». (Job 12:7-10)

La próxima vez que sientas el peso del mundo sobre tus hombros, habla con Aquel que hizo el mundo. A medida que tu percepción de Dios se va engrandeciendo, el tamaño de tu reto se empequeñece. Si Dios puede persuadir el corazón de un monarca persa, si puede transformar una muerte segura en una vida victoriosa, si puede convertir un holocausto planificado en una festividad anual, ¿no crees que puede cuidar de ti?

Lamento tu exilio en Persia. Lamento tus heridas profundas y tu cansancio. Lamento que hayas comprendido tan rápido el significado de las palabras *dolor*, *miedo* y *tristeza*.

Ahora mismo parece que la primavera no llegará nunca, lo sé. Sin embargo, no es así, querido amigo. La historia de Ester te reta a creer que Dios, aunque escondido, está activo. Él les da vida a las cosas rotas. El apóstol Pablo estaba resumiendo el libro de Ester cuando escribió: «Sabemos que Dios dispone todas las cosas para el bien de quienes lo aman, los que han sido llamados de acuerdo con su propósito» (Romanos 8:28).

> La próxima vez que sientas el peso del mundo sobre tus hombros, habla con Aquel que hizo el mundo.

El mundo necesita
desesperadamente a
personas de Dios que
se mantengan firmes
en medio del caos.

«Sabemos», afirmó Pablo. Hay muchas cosas en la vida que no sabemos. No sabemos si la economía se hundirá o si nuestro equipo ganará. No siempre sabemos lo que están pensando nuestros hijos ni lo que está haciendo nuestro cónyuge. No obstante, según Pablo, podemos estar absolutamente seguros de cuatro cosas.

Sabemos que *Dios obra*. Él está ocupado tras bastidores, por encima de las luchas y en medio del furor. Él no se ha ido ni se ha movido. Él es incesante e incansable.

Él nunca deja de obrar *para nuestro bien*. No para nuestra comodidad, placer ni entretenimiento, sino para nuestro bien. Y como él es el bien máximo, ¿esperaríamos otra cosa?

Para hacer esto él usa *todas las cosas*. En griego, *panta*. Como en *panorámico* o *panacea* o *pandemia*. Todo está incluido. Dios obra, no solo a través de algunas cosas o solo de las cosas buenas, mejores o fáciles, sino que él obra en todas las cosas.

Él obra *para el bien de quienes lo aman*. A los que confían en Dios les ocurren cosas buenas. La sombrilla de la providencia de Dios no se abre para cubrir al malvado ni al de corazón duro. Pero para los que lo buscan y hacen su voluntad, Dios obra en todas las cosas.

¿Una marioneta en manos de la suerte y el destino? No tú. Tú estás seguro en las manos de un Dios vivo y amoroso. ¿Una serie arbitraria de sucesos desconectados? Lejos de eso. Tu vida es una historia hábilmente escrita por el autor de la vida, que está obrando para tu bien supremo y un final grandioso.

El alivio vendrá.

¿Serás parte de él?

Me parece que el mundo entero está en estado de trauma.

Las personas no saben por qué nacieron ni a dónde están destinadas a ir. Esta es la era de mucho saber hacer y muy poco saber por qué. Los enemigos invisibles del pecado y el secularismo nos han dejado aturdidos y desorientados.

¡El mundo te necesita! Necesitamos gente con la determinación de Mardoqueo y el valor de Ester. El mundo necesita desesperadamente a personas de Dios que se mantengan firmes en medio del caos.

Personas como las que se reunieron en el Londres devastado por la guerra. Nadie los habría culpado por cancelar el servicio dominical aquella mañana. El rugido de un bombardeo se había escuchado en la ciudad durante toda la noche. Londres era un círculo de fuego. Los edificios estaban destruidos. Hasta las paredes de esta iglesia quedaron en el suelo. Los miembros llegaron y encontraron las bancas cubiertas de polvo y escombros. Sin embargo, en lugar de mostrar desesperanza, eligieron adorar. En medio de los montones de piedras, comenzaron a cantar:

El fundamento de la iglesia es Jesucristo, su Señor;
Su nueva creación, por el Espíritu y la Palabra:
Desde el cielo vino y la buscó
Para ser su novia santa,
Con su sangre la compró,
Y por su vida él murió.

¿Puedes imaginarte a ese círculo de almas valientes? Justo en el centro de un caos global, ellos adoraron. Depositaron su fe en nuestro Dios confiable. El himno fue una especie de advertencia, una declaración de verdad en medio de una sociedad que se desmoronaba.

Es posible que ese himno haya salvado la vida de Ben Robertson. *Él* era un corresponsal de guerra estadounidense que había llegado a Londres el día antes. El bombardeo nocturno lo dejó deshecho y aterrorizado. Las explosiones, las sirenas y los gritos de los heridos provocaron que sintiera desesperanza en cuanto a la vida misma.

«Si esto es lo que la civilización moderna nos ha traído, si esto es lo mejor que el hombre moderno puede lograr, entonces permite que me muera», oró.

En algún momento se quedó dormido. Se despertó con el inesperado sonido de unas personas cantando un himno. Miró por la ventana y vio a la congregación reunida entre los escombros. Más tarde escribió: «De repente, vi en el mundo algo inquebrantable —algo que había sobrevivido a través de milenios, algo indestructible— el espíritu, la vida y el poder de Jesucristo en su iglesia».[2]

Las bombas siguen cayendo. Los mundos siguen estallando. Las paredes siguen colapsando. Las pandemias siguen arrasando. Sin embargo, en medio de todo, el Señor continúa cuidando a su pueblo. Y cuando ese pueblo proclama la verdad de Dios en medio de un mundo que se derrumba, no sabes quién podría ser transformado.

Dios está en medio de esto. De esta subida empinada. De esta lucha cuesta arriba. De este viento contrario, frío y feroz que están enfrentando. Te sientes abrumado. Cansado. No crees que estás preparado para encararlo. Pero levanta tu vista. Tu padre está parado en el camino de entrada. Él está contigo en este momento. ¿Quién sabe si quizás fuiste creado para un momento como este?

PREGUNTAS PARA LA REFLEXIÓN

Preparadas por Andrea Lucado

Capítulo uno

EN ESPERA DE LA PRIMAVERA

1. ¿En qué temporada de la vida te encuentra este libro? ¿En el invierno, cuando te sientes atrapado en la penumbra perpetua? ¿En el verano, con su tranquilidad y calidez? ¿En el otoño, con su abundante cosecha? ¿O en la primavera, que trae la esperanza de una nueva vida? Describe la estación en la que te encuentras y por qué.

2. Aunque no estés actualmente en una estación de invierno, ¿has experimentado inviernos del corazón en el pasado? ¿Has sido testigo de esas temporadas en la vida de tu familia o tu comunidad? ¿Qué tipo de dolor o adversidad y sufrimiento has observado o experimentado?

3. ¿Cuál es la palabra de aliento de cinco letras de Max para los que se encuentran en medio de un invierno? ¿Cómo puede la historia de Ester dar ánimo durante las temporadas invernales de la vida?

4. Antes de leer este capítulo, ¿qué sabías de Ester y su historia?
   - Después de leer este capítulo, ¿qué hechos sobre la época del libro de Ester te han llamado la atención?
   - ¿Qué hechos sobre los personajes te han llamado la atención?

5. Basándote en lo que sabes hasta ahora, ¿cómo describirías al rey Jerjes?
   - ¿De qué manera te identificas con Ester o sus circunstancias?
   - ¿En qué se diferencian entre sí estos dos personajes?

6. Max describe a Ester como una mujer con convicciones y valor. ¿Con respecto a qué tienes tú fuertes convicciones?
   - Piensa en una ocasión en la que tus convicciones te hayan impulsado a realizar una acción valiente. Explica.
   - ¿Qué te ayudó a ser valiente en ese momento?
   - ¿Qué necesitas más, valor o convicción, y por qué?

7. El libro de Ester es conocido por lo que le falta: cualquier mención de Dios.
   - ¿Cómo afecta esto tu forma de ver el libro de Ester?
   - ¿Por qué crees que este libro está incluido en el Antiguo Testamento aunque no hable de Dios?

8. Como en el libro de Ester, ¿hubo momentos en los que has sentido que Dios estaba ausente? Si es así, describe un momento en el que sentiste a Dios ausente o distante de ti.

- Describe un momento en el que Dios se sintió cerca.
- ¿Qué te hace sentir o pensar que Dios está distante? ¿Qué te hace sentir o pensar que Dios está cerca?
- ¿Cómo afectan estos sentimientos tu vida, tus pensamientos y tus relaciones?

9. ¿Qué es la «providencia tranquila»? (Ver p. 8.)
   - ¿Por qué crees que Dios es representado en las Escrituras hablando en voz alta y retumbante y también susurrando?
   - ¿Cómo experimentas más a menudo a Dios: por medio de intervenciones dramáticas o susurros sosegados o de alguna otra manera? Describe tu conciencia de la presencia de Dios en tu vida.
   - ¿Cómo han afectado estas experiencias tu fe y tu comprensión de quién es Dios?

10. ¿Cuál dice Max que es el tema del libro de Ester? (Ver p. 9.)
    - ¿Cómo lleva a cabo Dios esta obra?
    - Max dice: «Las soluciones de Dios llegan a través de personas con valor... Personas que se atreven a creer que, por la gracia de Dios, fueron creadas para un momento como este (p. 11). ¿Cómo describirías el «momento» en el que estás viviendo?
    - ¿Ves injusticias que necesitan la intervención de Dios? ¿En tu ciudad, comunidad, iglesia o nación? Explica.

11. No siempre estamos dispuestos a lanzarnos a esta tarea en asociación con Dios. En la página 11 leemos: «Quieres retirarte, permanecer callado, mantenerte a salvo, quedarte entre bastidores. ¿Sobre qué áreas de injusticia tienes conocimiento,

pero te sientes tentado a quedarte callado y retirarte en lugar de participar en la obra de renovación? ¿Por qué te sientes así?

- ¿Qué ideas estás creyendo? Por ejemplo: «No tengo lo que hace falta» (p. 11), «no soy lo suficientemente inteligente... lo bastante fuerte... equipado o valiente».
- ¿De dónde crees que provienen estas ideas?

12. ¿Es posible que Dios te esté invitando a colaborar con él para ayudar a llevar la justicia a tu parte del mundo? ¿En qué área podrías llevar a cabo esa tarea?

- ¿Qué necesitas de Dios a fin de tener el valor y la convicción para participar en esta tarea?
- ¿Cuál sería el resultado ideal de una acción valiente? ¿A quiénes afectaría?

Capítulo dos

NO TE SIENTAS A GUSTO EN PERSIA

1. Este capítulo revela más información sobre Persia, el rey Jerjes y su riqueza. Imagina cómo fue el banquete de siete días de Jerjes.
   - ¿Quiénes estaban allí?
   - ¿Qué hacían?
   - ¿Qué habrías pensado tú si hubieras estado presente?

2. ¿Cómo este banquete y todo lo que representaba Jerjes contrasta con la forma en que los hebreos habían sido llamados a vivir?

3. Completa los espacios en blanco: «Por esta razón tenían que mantenerse _____. _____. _____. _____» (p. 25).

- ¿Tuvieron éxito los israelitas en cuanto a mantenerse así?
- ¿Qué hizo Dios para llamar la atención de los israelitas?
- ¿Cuál fue el resultado de este acto?
- Cuando llegamos al tiempo de Ester, ¿cuán lejos estaban los israelitas de su época de gobierno en Jerusalén?

4. ¿Te has encontrado alguna vez en un territorio desconocido, lejos de donde te criaste o apartado de lo que solías ser?
   - Si es así, ¿qué te llevó a ese lugar?
   - ¿Cómo te cambió para bien?
   - ¿Cómo te cambió para peor?

5. ¿Cómo reveló Jerjes su verdadero carácter durante el banquete de siete días?
   - ¿Qué te dice este acontecimiento sobre el liderazgo de Persia?
   - ¿Te recuerda la historia del juego en el campo de trigo una ocasión en la que te atrajo algo que resultó ser falso o decepcionante? ¿Puedes relacionar tu experiencia con estas palabras: «La historia del insolente Jerjes y la historia de mi juego en un campo de trigo de invierno postulan la misma posibilidad. ¿Qué tal si la pompa y el glamour son solo locuras y debilidades? ¿Qué tal si el encanto de las luces es un engaño?»? ¿De qué maneras es tu experiencia similar?

6. Podemos ser muy parecidos a los israelitas, ¿cierto? Dando tumbos de un lado a otro entre la lealtad y la santidad y luego olvidar quiénes somos, de dónde venimos y a qué estamos llamados. Escribe una crónica de tu viaje de fe aquí.

- ¿Te has sentido a veces santo y firme en tu fe? Explica.
- ¿Cuándo has elegido a Persia por encima de Jerusalén, quedándote en un lugar que sabías que no era bueno para ti?
- ¿Dónde te encuentras hoy? ¿Vagando en el exilio, o firme y cerca del Dios en el que crees, o en algún punto intermedio? Explica tu respuesta.

7. La iglesia ha tenido un viaje similar al de los israelitas: a veces siguiendo el llamado a ser santos y a veces alineándose con Persia.

- ¿Qué has presenciado en las iglesias de las que has formado parte o en las iglesias que has observado?
- ¿Por qué crees que la historia de la iglesia es tan escabrosa?
- Si has experimentado personalmente las deficiencias de la iglesia, ¿cómo se ha visto afectada tu fe o tu convicción? Explica.

8. «Nosotros, también, somos cuidadores. Cuidadores del mensaje de Jesús» (p. 26).

- En tus propias palabras, ¿cuál es el mensaje de Jesús?
- ¿Cómo podría la iglesia cuidar mejor este mensaje?
- ¿De qué manera cada creyente es un cuidador de este mensaje?

9. Max enumera varias distracciones y mentiras, como la pornografía, el alcohol y la riqueza, que pueden impedirnos anunciar bien el mensaje de Jesús. ¿Hay alguna mentira o engaño que tiendes a creer que te haya impedido ser el cuidador del mensaje de Jesús que has sido llamado a ser? Si es así, ¿cuál es y cómo lo hace, y por qué afecta esto la forma en que muestras el amor de Dios en el mundo?

10. Lee 1 Pedro 2:9-12.
   - ¿Qué significa ser el «linaje escogido» de Dios?
   - ¿Qué responsabilidades y dones son inherentes al hecho de ser llamados «pueblo que pertenece a Dios»?
   - ¿Qué significa para ti la «misericordia»? ¿Cómo podría este don ayudarnos a lidiar con los deseos pecaminosos que combaten contra nuestras almas?
   - ¿Por qué la misericordia nos motiva a mostrar «una conducta tan ejemplar» que esto beneficia a los que nos rodean?

11. Cuando escuchas la frase: «Asume una postura a favor de tu fe o de aquello en lo que crees», ¿qué te viene a la mente?
   - ¿Qué significa esta frase para ti?
   - ¿De dónde proviene esta concepción?
   - De acuerdo con 1 Pedro 2:9-12, asumir una postura o mantenerse firme, como lo hizo Max cuando estaba en el servicio de primeros auxilios en el campamento de Niños Exploradores, comienza con el pecado en nuestros propios corazones y la forma en que nos enfrentamos a él. ¿Cómo se compara esto con tu concepción anterior acerca de asumir una postura?
   - Si esta es la forma en que asumimos una postura, ¿cómo podría la iglesia hacer un mejor trabajo en este sentido?

Capítulo Tres

LA JOVEN CON DOS NOMBRES

1. Max comparte una historia de su adolescencia cuando decidió amoldarse en lugar de transformarse como nos pide Romanos 12:2.
   - ¿Alguna vez te amoldaste cuando eras adolescente en un intento de encubrir lo que realmente eras?
   - Si es así, describe esa experiencia. ¿Cómo te hizo sentir?

2. La tentación de amoldarse no cesa con la infancia. Incluso de adultos queremos encajar y pertenecer.
   - ¿Te has amoldado alguna vez como adulto?
   - Si es así, ¿por qué lo hiciste?

- ¿Qué parte de tu verdadero yo estabas encubriendo, y por qué te avergonzabas de esa parte de ti mismo?

3. ¿Quién se amoldó en la historia de Ester?
    - ¿Te molesta saberlo? (p. 34). Explica tu respuesta.
    - ¿Por qué crees que la Biblia está llena de personajes que se amoldaron, huyeron de Dios, mataron a sus hermanos, cometieron adulterio, etc.?

4. ¿Qué fue lo significativo de que Mardoqueo se amoldara a la cultura persa?
    - ¿Dónde vivía?
    - ¿Dónde trabajaba?
    - ¿Qué significa el nombre «Mardoqueo»?
    - ¿Por qué la vida de Mardoqueo desafía tanto el llamado hebreo a la separación? ¿Por qué crees que fue en contra de este llamado y se integró?

5. ¿Puedes sentir empatía hacia Mardoqueo?
    - ¿Alguna vez te has amoldado al lugar donde vivías o trabajas? ¿En qué sentido?
    - ¿Has cambiado tu nombre para encajar?
    - Si es así, ¿qué pensamientos o sentimientos tuviste durante ese tiempo?
    - ¿Cómo afectó esta adaptación la forma en que te sentías con respecto a ti mismo?
    - ¿Cómo afectó tu fe?

6. Lo que Ester tuvo que pasar para ganarse el favor del rey Jerjes es vergonzoso. Como dijo Max: «No se les pedía a las jóvenes que amaran al rey, solo que lo entretuvieran» (p. 36).

- ¿Qué te dice esta reunión de vírgenes hermosas sobre el carácter del rey Jerjes?
- ¿Qué te dice esto sobre la cultura persa de la época?
- ¿Por qué crees que Mardoqueo y Ester siguieron adelante con el asunto?
- ¿Cómo crees que se sintió Ester durante su estancia con el rey?

7. Al principio, Mardoqueo y Ester ocultaron su herencia.
   - ¿Alguna vez esa ha sido tu respuesta inicial ante una situación? Si es así, describe cómo fue esa experiencia para ti.
   - ¿Por qué tuviste la reacción instintiva de encubrir lo que realmente eras?
   - ¿Cuál fue el resultado?

8. Max teoriza en cuanto a por qué Mardoqueo permitió que su prima fuera enviada a Jerjes.
   - ¿Cuál es tu teoría?
   - Si hubieras sido Mardoqueo, viviendo en Persia, tres generaciones después del exilio babilónico, ¿habrías hecho lo mismo? ¿Por qué sí o por qué no?

9. «El valor indiscutible de la cultura occidental es la tolerancia. Irónicamente, los campeones de la tolerancia son intolerantes con una religión como el cristianismo, que se adhiere a un Salvador y a una solución para el problema humano» (p. 41).
   - ¿Esto parece cierto para ti en tu contexto: en el lugar donde vives, donde adoras, con quienes son tus amigos? ¿Por qué sí o por qué no?
   - ¿Has experimentado personalmente la hostilidad de otros por ser cristiano? ¿O has sido testigo de esto

en otros lugares? Si es así, ¿te has sentido tentado a hacer lo que hizo Max al principio de este capítulo y «quitarte la sudadera» y negar tu fe?

- ¿Cómo te hizo sentir esta experiencia en cuanto a ti mismo, Dios y tu fe?

10. Para muchos cristianos evangélicos la palabra tolerancia tiene una connotación negativa.
    - ¿Existe una forma positiva o amorosa de expresar tolerancia en nuestro mundo actual como cristianos?
    - Si es así, ¿cómo se vería eso?
    - ¿Cómo esperas que los que te rodean toleren tu religión? ¿Cómo podrías tolerar partes de su identidad con las que no estás de acuerdo?

11. Vuelve a leer la historia del árbol al final del capítulo y considera:
    - ¿Qué significó este corazón para Max cuando lo vio?
    - ¿En qué sentido esto es una metáfora de nuestra propia identidad?
    - ¿En qué sentido es una metáfora del amor de Dios por nosotros?

12. En 1 Juan 3:1 dice: «¡Fíjense qué gran amor nos ha dado el Padre, que se nos llame hijos de Dios! ¡Y lo somos! El mundo no nos conoce, precisamente porque no lo conoció a él».
    - ¿Crees esto con respecto a ti mismo?
    - Es fácil dar la respuesta correcta (sí); pero ¿qué crees realmente de ti mismo?
    - ¿Cómo podría Dios encontrarse contigo por medio de esta creencia hoy? ¿Cómo podrías hablarle de ello?

Capítulo cuatro

ÉL SE NEGÓ A INCLINARSE

1. Este capítulo presenta el relato trágico, aunque conmovedor, de los hombres que murieron a manos del grupo terrorista EIIL a causa de su fe cristiana.

   - ¿Recuerdas haber oído hablar de este suceso o de otro incidente en el que las personas murieron por lo que creían?
   - Si es así, ¿cuál fue tu reacción? ¿Qué preguntas surgieron en tu mente?
   - ¿Cómo te afectó?

2. Reflexiona sobre esto: «Tal vez no hayas enfrentado cuchillos y terroristas; sin embargo, ¿acaso no enfrentas a críticos y acusadores?» (p. 51).

- ¿Te has enfrentado a críticos o acusadores de tu fe? Si es así, ¿cómo te afectaron estas críticas e influyeron en tu fe?
- Tal vez provengas de una comunidad que te apoya y no critica tus creencias; sin embargo, ¿por qué otra cosa te han criticado? ¿Valores, tradiciones culturales u otras partes importantes de tu identidad?
- ¿Cómo afectaron estas críticas la forma en que te sentías con respecto a ti mismo?

3. ¿Qué resulta significativo en cuanto a la ascendencia de Amán?
   - ¿Crees que el racismo puede transmitirse de una generación a otra? Si es así, ¿cómo has visto esto en tu comunidad, en otro lugar o tal vez incluso en ti mismo?
   - ¿Qué otros pecados has visto transmitirse de una generación a otra?
   - ¿Por qué crees que las líneas de sangre y las etnias a veces repiten los pecados de sus antepasados?

4. Ester 3:2 dice: «Todos los servidores de palacio asignados a la puerta del rey se arrodillaban ante Amán, y le rendían homenaje, porque así lo había ordenado el rey. Pero Mardoqueo no se arrodillaba ante él ni le rendía homenaje».
   - Imagina la escena. ¿Cuál habría sido la reacción de la multitud ante la desobediencia de Mardoqueo?
   - ¿Alguna vez tu corazón te ha impulsado a una acción que pudiera parecer desobediencia, pero que en realidad representaba tu más profunda convicción? Explica.
   - ¿Cómo la acción de Mardoqueo incitó los acontecimientos posteriores de la historia?

5. ¿Por qué eligió Mardoqueo este momento para revelar su identidad como judío?

- ¿Te has encontrado alguna vez en un punto de inflexión como este, cuando decidiste que ya era suficiente y tenías que ser fiel a tu identidad? Si es así, describe esa experiencia.
- ¿Cómo puede la honestidad en cuanto a nuestra identidad darnos el valor para asumir una postura a favor de nosotros mismos, los demás y lo que creemos?
- ¿De qué manera ocultar nuestro verdadero yo puede dificultar, si no imposibilitar, la adopción de posturas como esas?

6. Mardoqueo fue el único judío que se negó a inclinarse ante Amán. ¿Por qué crees que la respuesta de Amán fue matar a todos los judíos de la nación?

7. Después de que los mensajeros enviaron el decreto de que todos los judíos serían asesinados, la Escritura dice que Amán y Jerjes se sentaron a beber. ¿Por qué crees que fueron capaces de tener tal desprecio por la vida humana en ese momento?
- ¿Cómo las posiciones de poder nos permiten cerrar los ojos ante la injusticia?
- ¿Qué injusticia has sido capaz de ignorar debido a tu posición en la sociedad, tu etnia, tu clase, etc.?
- ¿Qué injusticia no has podido ignorar debido a tu posición en la sociedad, tu etnia, tu clase, etc.?

8. Este capítulo nos recuerda: «Resistir importa» (p. 58).
- ¿Cómo definirías la resistencia en este contexto?
- ¿Has presenciado alguna vez una resistencia de este tipo? Si es así, ¿cómo fue ver a alguien resistirse?
- ¿Alguna vez te has resistido a alguien, algo o alguna institución? Si es así, ¿cómo fue esa experiencia para ti?

9. Aunque tus oportunidades para asumir una postura a favor de tu fe y contra la injusticia no sean extremas, como dice Max, «hay muchas posibilidades de que te sientas tentado a comprometer tus creencias o a permanecer en silencio frente a la injusticia y el mal (p. 57).

- ¿Has sentido alguna vez la tentación de callar ante la injusticia? Si es así, ¿qué te ha dificultado alzar la voz?
- ¿Te has resistido alguna vez a esta tentación y has hablado de todos modos? Si es así, ¿cómo te sentiste? ¿Cuál fue el resultado?
- ¿Qué te dio el valor para decir algo?

10. Piensa en otras personas, aparte de Mardoqueo, que hayan asumido posturas a favor de sus creencias, como el antiguo miembro del partido nazi que se negó a saludar a Hitler, y Sadrac, Mesac y Abednego, que se negaron a adorar a un ídolo babilónico.

- Describe a alguien que hayas visto adoptar una postura audaz. ¿Qué hizo esa persona?
- ¿Cómo te inspiró su valor?
- ¿Qué situación estás enfrentando que requiere más valor?
- ¿Por qué tienes miedo de hablar? ¿Qué es lo que te refrena?
- Establece un tiempo hoy para hablar con Dios sobre esto.

Capítulo cinco
EL ALIVIO VENDRÁ

1. Ester 4:1-2 describe el terrible estado en que se encontraba Mardoqueo después de que Jerjes aceptara el exterminio de los judíos: «Cuando Mardoqueo se enteró de todo lo que se había hecho, se rasgó las vestiduras, se vistió de luto, se cubrió de ceniza y salió por la ciudad dando gritos de amargura. Pero, como a nadie se le permitía entrar a palacio vestido de luto, solo pudo llegar hasta la puerta del rey».

   - ¿Has sentido alguna vez el tipo de dolor y aflicción que experimentaba Mardoqueo? Si es así, ¿qué causó este dolor?

   - Probablemente no te vestiste de luto ni te cubriste de ceniza, ¿pero qué signos externos de dolor mostraste, si es que hubo alguno?

2. ¿Cuál fue la respuesta inicial de Ester a la petición de Mardoqueo de que ayudara a su pueblo? (Ver Ester 4:11).

   - ¿Por qué crees que respondió así?
   - ¿Has dudado alguna vez antes de hacer lo correcto? Si es así, ¿cuáles fueron las circunstancias? ¿Por qué dudaste?

3. Lee la respuesta de Mardoqueo a la duda de Ester en Ester 4:13-14: «No te imagines que por estar en la casa del rey serás la única que escape con vida de entre todos los judíos. Si ahora te quedas absolutamente callada, de otra parte vendrán el alivio y la liberación para los judíos, pero tú y la familia de tu padre perecerán. ¡Quién sabe si no has llegado al trono precisamente para un momento como este!».

   - Max dice que Mardoqueo hizo dos observaciones sagaces en estos versos. ¿Cuáles son?
   - ¿En qué protección confiaba Ester que Mardoqueo calificó de falsa?
   - ¿Alguna vez te has aferrado a una promesa que Dios nunca te hizo? Si es así, ¿cuál era esa promesa y cómo creer en ella afectó tu fe y tus acciones?
   - ¿Qué promesa nos hizo Jesús en Juan 16:33?
   - ¿Cómo responderías a la pregunta de Max sobre esta promesa: «¿Tu perspectiva de Dios incluye un alivio incuestionable y una liberación dramática?»? (p. 73). Explica tu respuesta.
   - ¿En qué área de tu vida necesitas alivio y liberación hoy?

4. Mardoqueo le dijo a Ester que tal vez había llegado a su posición real para un momento como este. ¿Crees que Dios nos coloca en determinados lugares en ciertos momentos?

- Si es así, ¿has experimentado esto en tu propia vida? Explica cómo.
- Si no es así, ¿has presenciado o escuchado que tal cosa le ocurriera a otra persona? ¿Qué te pareció la experiencia de esa persona?

5. Mardoqueo sufrió una transformación desde que lo conocimos en el segundo capítulo de Ester. Explica cómo cambió.
    - ¿Cuál es la explicación de Max para la transformación de Mardoqueo? (Ver p. 72).
    - ¿Alguna vez Dios te ha despertado a una creencia reprimida? Si es así, ¿qué sentiste?
    - ¿De qué manera tú o tu vida cambiaron como resultado?
    - ¿Qué es lo que Dios podría estar moviéndote a reexaminar ahora?

6. Ester también sufre una transformación en este capítulo. ¿Cuál es el punto de inflexión para ella? (Ver Ester 4:16).
    - ¿Qué crees que hizo que cambiara tan dramáticamente?
    - Al final del versículo 16, después de decretar ayunar y visitar al rey, Ester declara con valentía: «¡Y, si perezco, que perezca!». ¿Alguna vez te has sentido igual de decidido con respecto a algo? Sabías que era lo correcto, incluso si significaba sacrificar algo querido para ti. Si es así, ¿qué te hizo sentir esa determinación?
    - ¿Cuál fue el resultado?

7. El «momento como este» de Ester fue estar en una posición de poder cuando la vida de su pueblo se encontraba más amenazada.

- ¿Cuál es tu «momento como este» ahora mismo o, como Max lo describe, la obra santa en la que has sido invitado a participar? ¿Para qué te ha preparado Dios?
- ¿Cómo te ha equipado para afrontar esta tarea?
- ¿Cómo te sientes ante esta obra santa? ¿Te sientes como Ester cuando dudaba con respecto a actuar, o te sientes como Ester cuando resolvió perecer si era necesario? ¿Por qué?
- ¿Necesitas que te recuerden la pregunta que plantea Max? «Sin embargo, ¿qué tal si Dios está en esto?» (p. 76).
- ¿Dónde ya has visto a Dios en esta obra?
- ¿Dónde lo has visto en temporadas pasadas como esta, y cómo podría eso darte esperanza para tu actual invitación a participar en la obra santa de Dios?

Capítulo seis

DOS SALONES DEL TRONO

1. Completa los espacios en blanco: «En lugar de apresurarse al salón del trono de Jerjes, Ester se _____ y entró en el _____».

   - ¿Por qué crees que Ester decidió ayunar durante tres días antes de acercarse a Jerjes?
   - ¿Qué papel juega la oración en las grandes decisiones o momentos de tu vida, y por qué?

2. En este punto de la historia, Ester está en una posición de poder. Ella pudo haber optado por ignorar el decreto para matar a los judíos, ya que el mismo podría no afectarla directamente. Sin embargo, decidió actuar. ¿Cómo pueden el poder y el estatus generar apatía en nosotros?

- ¿Qué problemas o cuestiones te hacen sentir apático?
- ¿Por qué te sientes apático ante estos temas?
- ¿Cómo podemos pasar de la apatía a la empatía incluso cuando un problema no nos afecta directamente?
- ¿Cómo lo hizo Ester?

3. ¿Qué sucedió cuando Ester entró en el salón del trono de Jerjes? (Ver Ester 5:2).
    - ¿Por qué crees que Jerjes respondió de esa manera?
    - ¿Alguna vez tus oraciones han tenido una respuesta inesperada? Si es así, explica lo que ocurrió.
    - ¿Cómo afectó tu fe este acontecimiento?

4. ¿Qué papel jugó la humildad en el curso de acción de Ester con Jerjes?
    - ¿Qué papel juega la humildad en la colaboración con la obra santa de Dios?
    - ¿Alguna vez has sido humillado de una manera que te haya llevado a la acción? Si es así, ¿cómo te animó la humildad a actuar o hacer lo que sentías que Dios te estaba indicando?
    - ¿Cómo la falta de humildad te ha impedido hacer lo que Dios te llamaba a hacer?

5. Daniel es un modelo de alguien en las Escrituras que oró con humildad. Lee su oración en Daniel 9:17-18 sobre el fin del cautiverio de los israelitas:

   «Y ahora, Dios y Señor nuestro, escucha las oraciones y súplicas de este siervo tuyo. Haz honor a tu nombre y mira con amor a tu santuario, que ha quedado desolado. Préstanos oído, Dios nuestro; abre los ojos y mira nuestra desolación y la ciudad sobre la cual se invoca tu nombre. Al hacerte estas peticiones, no apelamos a nuestra rectitud, sino a tu gran misericordia».

- Subraya las palabras o frases que demuestren humildad hacia Dios.
- ¿Por qué cosa necesitas orar y no lo has hecho hasta ahora?
- ¿Por qué no has orado con respecto a esto?
- ¿Cómo podrías acercarte al salón del trono de Dios con humildad hoy?

6. Max comparte su convicción de pronunciarse en contra del racismo, especialmente de la historia del racismo en la iglesia. Su razón para no hacer esto antes puede sonar familiar: «Pero yo no soy racista. No he hecho nada contra la comunidad negra. Nunca he hablado en contra de los afroamericanos» (p. 87). ¿Qué palabra clara escuchó él de Dios después de esto?

- ¿Cómo puede nuestro silencio ser hiriente cuando se trata del racismo o de otros problemas sociales?
- ¿Alguna vez has luchado con la posibilidad de hablar o no a favor de una persona o un grupo de personas? Si es así, ¿cuál fue tu razón para no hablar?

7. Lee la oración de Max en la página 87-88.

- ¿Qué te llamó la atención y por qué?
- ¿Qué, si es que hay algo, te molestó de su oración y por qué?
- ¿Qué, si es que hay algo, te convenció de esta oración y por qué?
- ¿De qué te arrepentirías si tuvieras que hacer una oración pública de arrepentimiento?
- ¿Qué se siente al ser honesto por medio de este arrepentimiento?

- ¿Por qué era importante para Max hacer esta oración específica? ¿Qué impacto tuvo?

8. ¿Sobre qué tema necesitas tener «una conversación sensata, con el rostro en el suelo y sin tapujos con el Señor»? Dedica un tiempo a orar sobre esto ahora. Puedes hacerlo en silencio o en voz alta, o escribir las palabras de tu oración si te resulta útil. Acércate al trono de Dios con una actitud de humildad, y observa cómo esto cambia tus palabras y peticiones.

Capítulo siete

DIOS HABLA MÁS ALTO CUANDO SUSURRA

1. ¿Qué opinas del efecto mariposa: la idea de que los humanos son víctimas del azar?

   - ¿Qué opinas de la idea de la providencia de Dios?
   - ¿Qué papel crees que juega Dios en los acontecimientos de tu vida?
   - ¿De dónde viene esta creencia?
   - ¿Ha cambiado la misma a lo largo de los años? Si es así, ¿cómo y por qué?

2. Aunque no creas del todo en la voluntad de Dios ni entiendas cómo él la orquesta, ¿has tenido alguna vez una experiencia

que fuera más allá de la coincidencia? ¿Un momento en el que los acontecimientos encajaron de tal manera que supiste que alguien divino tenía que estar detrás de ello? Si es así, explica lo que ocurrió. ¿Cómo afectó tu fe haber sido testigo de esto?

3. Después de la cena con el rey Jerjes y Ester, Amán estaba de buen humor hasta que vio a Mardoqueo. Él dijo: «Todo esto no significa nada para mí, mientras vea a ese judío Mardoqueo sentado a la puerta del rey» (Ester 5:13).

   - ¿Por qué crees que Mardoqueo tuvo un efecto tan fuerte sobre Amán?
   - ¿Qué decidió Amán hacerle a Mardoqueo como resultado?
   - ¿Por qué crees que su respuesta fue tan extrema?

4. El escenario estaba preparado para la ejecución de Mardoqueo, pero una serie de acontecimientos cambió el destino de este hombre.

   - ¿Cuáles fueron esos acontecimientos?
   - ¿Cómo afectó cada acontecimiento a los demás?
   - ¿Qué le sucedió a Mardoqueo como resultado?
   - ¿Qué te dice esta serie de acontecimientos sobre la participación de Dios en esta historia?
   - ¿Qué te dice sobre la participación de Dios en nuestras vidas?

5. ¿Cuál fue el papel de Mardoqueo en estos sucesos que finalmente salvaron su vida? ¿Qué tipo de control tenía sobre ellos?

   - ¿Qué te dice esto acerca del control que tenemos sobre nuestras vidas?
   - ¿Qué te dice esto en cuanto al valor de la integridad?

6. ¿Has sido tú o alguien cercano a ti acusado injustamente de algo? Si es así, explica lo que ocurrió.

   - ¿Qué hace que estas experiencias resulten tan dolorosas?
   - ¿Intentaste corregir la acusación falsa? Si es así, ¿cómo y qué ocurrió?
   - ¿Qué te dice la historia de Mardoqueo sobre el papel de Dios en lo que respecta a mantener la integridad y el nombre de su pueblo?

7. Max pregunta: «¿Piensas que las probabilidades están en tu contra? ¿Que incluso Dios está contra ti? ¿Te han llevado a creer que la vida es un lanzamiento de dados, y no puedes recordar la última vez que rodaron a tu favor?» (p. 105). ¿Te resultan familiares estas preguntas? Si es así, ¿qué acontecimientos de tu vida te han llevado a creer que Dios o el destino están en tu contra?

8. ¿Cómo te afectó la historia de una madre que había estado contemplando el suicidio? ¿Qué acontecimientos la llevaron a leer *Tell Me the Story* [Cuéntame la historia], y qué sucedió como resultado?

   - ¿Qué parte de la historia te conmovió más?
   - ¿Dónde ves la mano de Dios en la vida de la madre y en las vidas de sus hijos?
   - ¿Has encontrado alguna vez a Dios después de una larga temporada en la que no habías sentido su presencia? Si es así, describe esa experiencia.

9. Max también comparte la historia del escritor ruso Aleksandr Solzhenitsyn. ¿Qué acontecimientos lo llevaron a encontrarse con un médico recién convertido y qué ocurrió como resultado?

- ¿Qué opinas de esta historia, en particular de que Solzhenitsyn había renunciado a su fe antes de que se produjera este encuentro?
- ¿Dónde ves la mano de Dios en su vida?
- ¿Has encontrado alguna vez a Dios en un momento en el que pensabas que no creías en él? Si es así, describe esa experiencia.

10. Resulta difícil creer que Dios está en los detalles cuando atravesamos una temporada de dudas o dificultades. Max sugiere que incluso durante tiempos como este deberías dar por sentado «que Dios está obrando. Avanza como si Dios estuviera avanzando en tu vida. No les des cuartel a las voces de la duda y el miedo. No te acobardes ante la lucha» (p. 110).

    - ¿Y si realmente creyeras que Dios está avanzando en tu vida? ¿Cómo cambiaría eso tus acciones, tus pensamientos y tu fe?
    - ¿En qué área de tu vida necesitas más esta creencia? ¿Qué harías ahora si realmente creyeras que Dios ya está obrando?

Capítulo ocho

LOS MALVADOS
NO GANARÁN

1. ¿Quién es un Amán en tu vida? ¿Alguien que es «mezquino» o «egocéntrico»? ¿Alguien que se mete bajo tu piel? Puede ser alguien que conozcas personalmente o una persona acerca de la cual tengas conocimiento.

   - ¿Qué sientes por esa persona?
   - ¿Qué crees que haría falta para que esta persona cambie?

2. Las palabras de Ester al rey Jerjes le dieron un giro a esta historia para bien:

   «Si me he ganado el favor de Su Majestad, y si le parece bien, mi deseo es que me conceda la vida. Mi petición es que se compadezca de mi pueblo. Porque a mí y a mi pueblo se nos ha vendido para exterminio, muerte y aniquilación. Si solo se nos hubiera vendido como esclavos, yo me habría quedado callada, pues tal angustia no sería motivo suficiente para inquietar a Su Majestad» (Ester 7:3-4).

- ¿Qué tiene de significativo el lenguaje de Ester en este pasaje?
- ¿Cómo crees que se sintió ella al revelarle al rey y a Amán su verdadera identidad como judía?
- ¿Qué momento de tu vida te convenció para hablar de lo que realmente eres o lo que crees?
- ¿Cómo te sentiste al revelar esta parte de ti mismo?

3. ¿Qué le ocurrió a Amán durante este acto de la historia?
   - ¿Cómo respondiste a esta parte del relato sobre Amán?
   - ¿Por qué crees que es satisfactorio ver que el malo recibe lo que se merece?
   - ¿Qué te dice el destino de Amán sobre la naturaleza de Dios?
   - ¿Has sido testigo de este tipo de equidad o justicia en tu propia vida? Si es así, ¿cómo se logró la justicia?

4. Completa los espacios en blanco de Romanos 11:22: «Por tanto, considera la _____ y la _____ de Dios».
   - ¿Cómo te sientes al describir a Dios como bondadoso?
   - ¿Cómo te sientes al describir a Dios como severo?
   - ¿Por qué Dios debe ser ambas cosas?

5. Resulta satisfactorio ver cómo la maldad de Amán queda al descubierto y lo ponen bajo custodia (7:8). Sin embargo, como

sabes, la justicia no siempre tiene lugar tan rápidamente en nuestras vidas. ¿Qué acto de justicia estás esperando?

- ¿En qué punto del proceso de restablecer esta justicia crees que está Dios?
- ¿Cómo esperas? ¿Con paciencia, ansiedad o preguntas? Explica tu respuesta.

6. La Escritura no guarda silencio sobre el tema de esperar por el juicio de Dios para restablecer la justicia. Lee los siguientes pasajes:

¿Hasta cuándo, Señor, vas a tolerar esto? (Salmos 35:17)

¿Por qué prosperan los malvados? (Jeremías 12:1)

No se ve la verdad por ninguna parte;
   al que se aparta del mal lo despojan de todo.
El SEÑOR lo ha visto, y le ha disgustado
   ver que no hay justicia alguna.
Lo ha visto, y le ha asombrado
   ver que no hay nadie que intervenga. (Isaías 59:15-16)

7. La Escritura tampoco guarda silencio sobre el tema de lo que Dios hará en última instancia con respecto a la injusticia. Lee los siguientes pasajes:

Él juzgará a cada uno según lo que haya hecho. (Romanos 2:6, NTV)

[Dios] ha fijado un día para juzgar al mundo con justicia. (Hechos 17:31)

Dios es juez justo, y Dios está airado contra el impío todos los días. (Salmos 7:11, RVR1960)

8. ¿Qué hemos sido llamados a hacer mientras esperamos que Dios traiga su juicio justo? (Ver Isaías 58:6-8).

- ¿Cómo puedes ser un facilitador de la justicia en tu propia vida hoy y con los que te rodean?
- ¿Cómo buscó Charles Mulli la justicia en su comunidad?
- ¿De qué manera su educación lo hizo apto para este tipo de trabajo?

9. Podemos sentirnos abrumados por la desesperada necesidad de justicia que nos rodea. Puede ser difícil determinar cómo colaborar con Dios en esta tarea. Charles Mulli es un buen ejemplo de alguien que decidió trabajar en el área que le resultaba más cercana.

- ¿Qué es lo que más te afecta a ti? ¿Qué injusticia ves en el mundo que te rompe el corazón?
- ¿Por qué rompe tu corazón esto en particular?
- ¿Qué pasos podrías dar para empezar a colaborar con Dios en esta área, ya sea alimentando a los que no tienen techo, visitando un hogar de ancianos en tu comunidad, ayudando a los niños a salir de la calle, o cualquier otra cosa?

Capítulo nueve

EL DIOS DE LOS GIROS RADICALES

1. ¿Qué crees que Dalia y Ayesha habrían esperado que sucediera si el marido de Ayesha hubiera descubierto que ella había estado leyendo la Biblia? ¿Qué ocurrió en cambio?

   - ¿Cómo crees que ellas esperaban que él respondiera a la película de Jesús? ¿Cómo respondió en cambio?
   - ¿Cómo crees que estas respuestas inesperadas afectaron a Dalia y Ayesha y su fe en el cristianismo?

2. Completa los espacios en blanco: «Dios es el Dios del _____» (p. 131). ¿Cómo cambió el destino de los judíos en este capítulo?

3. ¿Qué papel jugó Jerjes en este giro de la trama para los judíos y su destino?

   - ¿Por qué es tan sorprendente que se comportara así?
   - ¿Hay alguna figura de autoridad en tu vida en este momento a la que le temes, o sientes que estás a merced de un jefe o profesor, padre o político? Si es así, ¿quién es esa persona y qué tipo de poder tiene sobre tu vida?
   - ¿Cómo podría el cambio de corazón de Jerjes cambiar la forma en que ves a esta figura de autoridad en tu vida?

4. Jerjes escuchó a Ester, hizo que arrestaran a Amán y lo ataran a la horca, y elevó a Mardoqueo para que fuera su mano derecha, pero los judíos seguían enfrentándose a una sentencia de muerte.

   - ¿Has enfrentado alguna vez en tu vida un obstáculo aparentemente insuperable? Como pregunta Max: «¿Estás frente a una pared infranqueable o un desafío imposible?» (p. 132). Si es así, ¿cuál es ese desafío?
   - ¿Por qué parece imposible de superar?
   - ¿Cómo lograron Ester y Jerjes evitar finalmente el edicto del rey de exterminar a los judíos en Persia?
   - ¿Qué soluciones creativas podría tener Dios para tu problema?

5. ¿Qué es la peripecia?

   - ¿Cómo experimentó Mardoqueo la peripecia en esta historia?
   - ¿Cómo experimentó Ester la peripecia?
   - ¿Cómo experimentó Jerjes la peripecia?
   - ¿Cómo experimentó la peripecia el pueblo de Dios?

6. ¿Has experimentado en tu vida giros inesperados? Si es así, haz una lista, reconociendo la mano de Dios en cada acontecimiento. Considera la posibilidad de dibujar una línea de tiempo de tu vida y marcar aquellas ocasiones en las que algo inesperado sucedió para cambiar el curso de tu vida.

   • ¿Qué sientes al examinar los giros en la trama de tu vida?
   • ¿Qué te dice esto sobre el carácter de Dios?
   • ¿Qué te dice esto sobre sus planes para tu vida?

7. Max compara Ester 4:3 con Ester 8:16:

   Ester 4:3: «Había gran duelo entre los judíos, con ayuno, llanto y lamentos. Muchos de ellos, vestidos de luto, se tendían sobre la ceniza».

   Ester 8:16: «Para los judíos, aquel fue un tiempo de luz y de alegría, júbilo y honor».

8. Max enumera varios momentos de peripecia en las Escrituras; sin embargo, ¿cuál fue el más grande?

   • ¿Qué representó ese momento de peripecia?
   • ¿Qué te dice sobre la resurrección y la restauración que son posibles en tu propia vida?
   • ¿En qué área necesitas hoy la esperanza de la resurrección?
   • ¿Cómo puede Cristo proporcionar esa esperanza?

9. A menudo nos encontramos en el extremo receptor de los giros de la trama cuando Dios hace un milagro en nuestras vidas. Sin embargo, también podemos proveer estos momentos para otros. ¿Cómo Stan Mooneyham y Visión Mundial cambiaron las cosas para Vinh Chung y su familia?

- Max plantea dos preguntas al final de este capítulo: «¿Necesitas que te rescaten? ¿Estás disponible para rescatar a alguien?» (p. 141). ¿Cómo responderías a estas preguntas?
- ¿Qué crees que se requiere a fin de estar disponible para rescatar a otra persona?
- ¿Estás preparado para esa tarea si Dios te llama a ella? ¿Por qué sí o por qué no?
- Si necesitas ser rescatado, ¿cómo podrías orar por eso hoy?
- Si quieres estar disponible para rescatar a otros, ¿cómo podrías pedirle a Dios que te prepare para esa tarea?

Capítulo diez

UN PUEBLO PURIM

1. ¿Por qué se conmemora al gorgojo del algodón en una estatua en Alabama?

2. ¿Cuáles son los gorgojos del algodón que están presentes en tu vida en este momento? ¿Qué está causando angustia o destrucción, pero parece imposible de superar?
   - ¿Cómo ha afectado esta «plaga» tu vida cotidiana?
   - ¿Cómo ha afectado esta «plaga» tu fe?

3. ¿Cuáles eran los gorgojos del algodón en la historia de Ester, y qué hicieron ella y Mardoqueo con ellos finalmente? ¿Qué te dice esto sobre las plagas que encontramos en nuestras vidas?

4. ¿Qué es la fiesta de Purim, cómo se celebra y quién la celebra?

- ¿Por qué crees que Mardoqueo convocó a todos los judíos de las provincias a recordar este día?
- ¿Por qué es importante recordar acontecimientos como este?
- ¿Hay días (religiosos, culturales o personales) que recuerdes de manera especial?
- ¿Por qué y cómo celebras estos días?

5. Max dice: «Aprecio el valor de una celebración de dos días en la que las personas de fe repasan el día y la manera en que su Dios prevaleció. Tendemos a olvidar. Tendemos a olvidar que Dios está a nuestro favor, no en contra nuestra» (p. 148).

- ¿Por qué nos resulta tan fácil olvidar la fidelidad de Dios?
- ¿Qué ocurre cuando olvidas que Dios está a tu favor?
- ¿Cómo afecta esto tu comportamiento, tus interacciones con los demás y tus interacciones con Dios?

6. Considera la historia de J. J. Cohen leyéndoles la historia de Purim a sus compañeros de Auschwitz. Al final de la historia, Cohen escribe: «Y como un río desbordándose de su cauce, el ambiente festivo y la visión de la redención brotaron de los corazones quebrantados de los prisioneros del campo» (p. 149).

- ¿Qué historia te ha dado una esperanza así? ¿Fue alguna de la Escritura, una película, un libro o la historia de un amigo?
- ¿Por qué esta historia te dio tanta esperanza?
- ¿Por qué las historias tienen un efecto tan poderoso en nosotros?

7. Cada domingo en muchas iglesias cristianas recordamos la noche anterior a la crucifixión de Jesús leyendo las palabras que les dijo a sus discípulos en la Última Cena:

> [Jesús] tomó un poco de pan y dio gracias a Dios por él. Luego lo partió en trozos, lo dio a sus discípulos y dijo: «Esto es mi cuerpo, el cual es entregado por ustedes. Hagan esto en memoria de mí». Después de la cena, tomó en sus manos otra copa de vino y dijo: «Esta copa es el nuevo pacto entre Dios y su pueblo, un acuerdo confirmado con mi sangre, la cual es derramada como sacrificio por ustedes» (Lucas 22:19-20, NTV).

   - ¿Cuál es el significado de participar en la Santa Cena el primer día de la semana?
   - ¿Por qué les pidió Jesús a sus discípulos que hicieran estas cosas para recordarlo?
   - Si participas en la Santa Cena o la Comunión, ¿qué significa esto para ti?
   - ¿Qué representan el pan y el vino?

8. Los discípulos no vieron nada bueno como resultado de la crucifixión. Ellos pensaron que su maestro se había ido para siempre. Entonces, ¿qué sucedió?

   - ¿Cómo la muerte de Cristo se convirtió en una oportunidad para demostrar el poder de Dios?
   - ¿Cómo las dificultades que enfrentas ahora podrían ser una oportunidad para que el poder de Dios actúe en tu vida?
   - ¿Cómo has visto esto ocurrir antes?
   - ¿Cómo puede el recuerdo de esos momentos darte esperanza para tus circunstancias actuales?

9. La remembranza fue un tema importante en este capítulo. ¿Qué momentos de la fidelidad de Dios podrías empezar a

recordar? ¿El último tratamiento de quimioterapia, la oferta de trabajo que creías que nunca llegaría, o el día en que conociste a Cristo? ¿Cómo podrías conmemorar este día de manera significativa?

Capítulo once

FUISTE CREADO PARA UN MOMENTO COMO ESTE

1. Max cuenta la historia de cuando tenía doce años y se sentía abrumado por su trabajo de verano de cuidar las casas de tres familias. ¿Qué lo hizo sentir mejor en su primer día de trabajo?

   - ¿La presencia de alguien ha hecho que pases de sentirte abrumado por una tarea a creer que puedes llevarla a cabo? Si es así, ¿quién fue esa persona y cómo su presencia te tranquilizó o te brindó la ayuda que necesitabas?

   - ¿Cuál es la diferencia entre enfrentarse a algo difícil solo y afrontarlo con alguien a tu lado?

2. Vuelve a leer el pasaje que constituye el punto de giro de este libro:

«Si ahora te quedas absolutamente callada, de otra parte vendrán el alivio y la liberación para los judíos, pero tú y la familia de tu padre perecerán. ¡Quién sabe si no has llegado al trono precisamente para un momento como este!» (Ester 4:14).

- Completa los espacios en blanco: El mensaje de Mardoqueo tiene un doble impacto: un llamado a la _____ y un llamado a la _____.
- ¿Cuál es la promesa hecha a Ester y Mardoqueo con respecto a su pueblo?
- ¿Qué le permitió a Mardoqueo tener fe en esta promesa?

3. ¿Cómo explicarías con tus propias palabras el carácter cumplidor de pactos de Dios?
- ¿Qué promesas ha cumplido para ti?
- ¿Qué promesas ha cumplido para aquellos que conoces?
- ¿Cuáles son algunos ejemplos en las Escrituras de que Dios cumple sus promesas?
- ¿Qué promesa del pacto de Dios necesitas creer hoy para poder enfrentar lo que te parece abrumador?

4. Cuando se trata de nuestros temores y luchas, ¿por dónde debemos empezar según Max? (Ver p. 160.)
- Cuando miras tu «montaña», ¿qué tan grande es? ¿Cuán difícil resulta y por qué?
- Cuando miras a Dios, ¿qué tan grande es? ¿O cuán pequeño es y por qué?
- ¿Has sufrido una «pérdida del asombro» (p. 162)? Si es así, ¿cuáles han sido las consecuencias para ti?

5. ¿Cómo demostró Dios su poder a través de la vida de Ester?

- ¿Cómo demostró Dios su poder a través de la vida de Mardoqueo?
- ¿Cómo demostró Dios su poder a través del cambio de corazón de Jerjes?
- ¿Cómo demostró Dios su poder a través de la justicia hecha a Amán?
- ¿Cuál de estos ejemplos te da más esperanza en cuanto a la capacidad y la voluntad de Dios de demostrar su poder en tu vida hoy, y por qué?

6. Lee las siguientes palabras de Agustín. Subraya cada una de las palabras utilizadas para describir a Dios.

«¿Qué eres, pues, Dios mío? ¿Qué eres, vuelvo a preguntarte, sino el Señor Dios? Porque, ¿quién es Dios fuera del Señor, quién es Roca fuera de nuestro Dios? Excelentísimo, buenísimo, poderosísimo, todopoderosísimo, muy misericordioso y justo, muy escondido y presente, muy hermoso y fuerte, estable e incomprensible, inmutable pero que lo cambia todo, nunca nuevo y nunca viejo, renovador de todas las cosas, Tú llevas a los soberbios a su desgracia, sin que se den cuenta, siempre actuando y siempre quieto, siempre recogiendo y nunca necesitado; siempre sosteniendo, llenando y protegiendo; siempre creando, alimentando, perfeccionando; buscando sin necesitar nada».

- ¿Cuál de estas descripciones te ha llamado la atención y por qué?
- ¿Cuáles se aplican directamente a lo que estás enfrentando ahora y por qué?

7. Pablo escribió en una carta a los romanos: «Sabemos que Dios dispone todas las cosas para el bien de quienes lo aman, los que han sido llamados de acuerdo con su propósito» (8:28).

- ¿Por qué este versículo es tan significativo para algunas personas y tan desafiante para otras?
- ¿Hubo momentos en tu vida en los que este versículo ha sido tu sostén? Explica.
- ¿Cómo le explicarías este versículo a un nuevo creyente?

8. Durante el curso de la lectura de este libro, ¿dónde has visto a Dios en tu temporada difícil o tus luchas?

- ¿Has sido más consciente de su presencia? Si es así, ¿cómo?
- ¿Es posible que Dios te haya traído a este libro para un momento como este? Si es así, ¿qué has aprendido que te llevarás contigo y recordarás en los momentos de lucha?
- ¿Qué podrías poner en práctica inmediatamente?

NOTAS

Capítulo 1: En espera de la primavera

1. «Map of the Persian Empire», Estudio bíblico, https://www.biblestudy. org/ maps/persian-empire-at-its-height.html.
2. Mapas en Google, «Punjab, India to Khartoum», https://www.google. com/maps/dir/Punjab,+India/Khartoum/@23.9472385,34.6168536,4z/ data=!3m1!4b1!4m15!4m14!1m5!1m1!1s0x391964aa569e7355: 0x8fbd263103a38861!2m2!1d75.3412179!2d31.1471305!1 m5!1m1!1s0x168e8fde9837cabf:0x191f55de7e67db40!2m2!1d32. 5598994!2d15.5006544!3e2!4e1.
3. Karen H. Jobes, *Esther, The NIV Application Commentary* (Grand Rapids, MI: Zondervan, 1999), p. 28.
4. Jobes, *Esther*, p. 96.
5. El otro libro es Cantar de los cantares.

Capítulo 2: No te sientas a gusto en Persia

1. Karen H. Jobes, *Esther, The NIV Application Commentary* (Grand Rapids, MI: Zondervan, 1999), p. 60.
2. Mike Cosper, *Faith Among the Faithless: Learning from Esther How to Live in a World Gone Mad* (Nashville, TN: Nelson Books, 2018), p. 3.
3. Jobes, *Esther*, p. 61. «Él... encontró 40,000 talentos de oro y lingotes de plata (1,200 toneladas) y 9,000 talentos de monedas de oro

acuñadas (270 toneladas)». Asumiendo que una tonelada de oro está valorada en $45,500,000 x 1,200 toneladas = $54.6 miles de millones.

4. Rabino Avie Gold, *Purim: Its Observance and Significance* (Brooklyn, NY: Mesorah Publications, 1991), p. 99.

5. Ester 1:1.

6. Esdras 2:1-2; 3:8.

7. Esdras 7:1-9.

8. Fiona MacRae, «Brain Scans Prove Porn Is as Addictive as Alcohol and Drugs», *Daily Mail*, 23 septiembre 2013, https://www.news.com.au/lifestyle/relationships/ brain-scans-prove-porn-is-as-addictive-as-alcohol-and-drugs.

9. Uplift Families, «Pornography Changes the Brain», 16 junio 2015, https://www.upliftfamilies.org/pornography_changes_the_brain.

10. Erin El Issa, «2020 American Household Credit Card Debt Study», Nerdwallet's, 12 enero 2021, https://www.nerdwallet.com/blog/ average-credit-card-debt-household/.

11. John Stonestreet y Brett Kunkle, *A Practical Guide to Culture: Helping the Next Generation Navigate Today's World* (Colorado Springs, CO: David C. Cook, 2017, 2020), pp. 242-43.

12. «Alcohol Use and Your Health», Centers for Disease Control and Prevention, 23 febrero 2021, https://www.cdc.gov/alcohol/fact-sheets/ alcohol-use.htm.

13. «Depression Symptoms Rise During Covid-19 Pandemic», *Physician's Weekly*, 8 septiembre 2020, https://www.physiciansweekly.com/ depression-symptoms-rise-during-covid-19-pandemic.

14. Lauren Edmonds, «Divorce Rates in America Soar 34% during COVID; Surge Not Unexpected, Says Rose Law Group Partner and Family Law Director Kaine Fisher», reportero de Rose Law Group, https://roselawgroupreporter.com/2020/08/ divorce-rates-in-america-soar-34-during-covid/.

15. Amanda Jackson, «A Crisis Mental-Health Hotline Has Seen an 891% Spike in Calls», CNN, 10 abril 2020, https://www.cnn.com/2020/04/10/ us/disaster-hotline-call-increase-wellness-trnd/index.html.

16. Jamie Ducharme, «U. S. Suicide Rates Are the Highest They've Been Since World War II», *Time*, 20 junio 2019, https://time.com/5609124/ us-suicide-rate-increase/.

17. Ryan Prior, «1 in 4 Young People Are Reporting Suicidal Thoughts. Here's How to Help», CNN, 15 agosto 2020, https://www.cnn.

com/2020/08/14/health/young-people-suicidal-ideation-wellness/
index.html.

Capítulo 3: La joven con dos nombres

1. Joyce G. Baldwin, *Esther: An Introduction and Commentary*, Tyndale Old Testament Commentaries (Downers Grove, IL: InterVarsity, 1984), p. 66.
2. Karen H. Jobes, *Esther, The NIV Application Commentary* (Grand Rapids, MI: Zondervan, 1999), p. 110.
3. Yoram Hazony, *God and Politics in Esther* (Nueva York: Cambridge University Press, 2016), p. 18.
4. Iain M. Duguid, *Esther and Ruth, Reformed Expository Commentary* (Phillipsburg, NJ: P&R Publishing, 2005), p. 21.
5. Rabino Weir en *William Davidson Talmud*, Megillah 13a, p. 4, https://www.sefaria.org/Megillah.13a?lang=bi.
6. Duguid, *Esther and Ruth*, p. 21. Jobes, *Ester*, p. 96.

Capítulo 4: Él se negó a inclinarse

1. Nabeel Qureshi, «What Does Jesus Have to Do with ISIS?», *The Christian Post*, 13 marzo 2016, https://www.christianpost.com/news/what-does-jesus-have-to-do-with-isis.html.
2. Jaren Malsin, «Christians Mourn Their Relatives Beheaded by ISIS», *Time*, 23 febrero 2015, https://time.com/3718470/isis-copts-egypt/.
3. Según Ester 3:9 en la versión Living Bible en inglés: «I will pay $20,000,000 into the royal treasury...».
4. Rabino Avie Gold, *Purim: Its Observance and Significance* (Brooklyn, NY: Mesorah Publications, 1991), p. 109.
5. Jenn Gidman, «Tragic Tale of the German Who Wouldn't Salute Hitler», *USA Today*, 3 julio 2015, https://www.usatoday.com/story/news/world/2015/07/03/german-no-salute-hitler-ex-nazi/29662195/. Alex Q. Arbuckle, «1936, The Man Who Folded His Arms: The Story of August Landmesser», https://mashable.com/2016/09/03/august-landmesser.
6. Gold, *Purim*, p. 47.
7. Thomas Philipose, «What Made a Non Believer Chadian Citizen Die for Christ, Along with His "20 Coptic Christian Friends"?», Malankara Orthodox Syrian Church, Diócesis de Bombay, 22 febrero 2015, https://web.archive.org/web/20150312223941/http://

bombayorthodoxdiocese.org/what-made-a-non-believer-chadian-citizen-die-for-christ-along-with-his-20-coptic-christian-friends/. Stefan J. Bos, «African Man Turns to Christ Moments Before Beheading», *BosNewsLife*, 23 abril 2015, https://www.bosnewslife.com/2015/04/23/african-man-turns-to-christ-moments-before-beheading/#comments. Nabeel Qureshi, «What Does Jesus Have to Do with ISIS?», *The Christian Post*, 13 marzo 2016, https://www.christianpost.com/news/what-does-jesus-have-to-do-with-isis.html.

Capítulo 5: El alivio vendrá

1. Jeff Kelly Lowenstein, «How a Little-Known Incident in 1956 Unnerved MLK», CNN, 15 enero 2021, https://www.cnn.com/2021/01/15/opinions/martin-luther-king-jr-crisis-of-faith-lowenstein/index.html.

Tercer acto: Conquista

1. Yoram Hazony, *God and Politics in Esther* (Nueva York: Cambridge University Press, 2016), p. 241. En el Midrash —un comentario judío sobre parte del texto hebreo— Mardoqueo vio a tres niños y ellos le dieron tres versículos, comenzando con: «No temerás ningún desastre repentino, ni la desgracia que sobreviene a los impíos» (Proverbios 3:25). El segundo le dijo: «Tracen su estrategia, pero será desbaratada; propongan su plan, pero no se realizará, porque Dios está con nosotros» (Isaías 8:10). Luego el tercero habló con este versículo: «Aun en la vejez, cuando ya peinen canas, yo seré el mismo, yo los sostendré. Yo los hice, y cuidaré de ustedes; los sostendré y los libraré» (Isaías 46:4).

Capítulo 7: Dios habla más alto cuando susurra

1. «The Butterfly Effect: Everything You Need to Know About This Powerful Mental Model», https://fs.blog/2017/08/the-butterfly-effect/.
2. Algunas fuentes rabínicas dicen que Amán tuvo que llevar a cabo la tarea de sirviente personal de Mardoqueo, ¡y como tal tenía que doblarse a fin de que Mardoqueo pudiera pisar su cuello para subirse al caballo!
3. David Aikman, *Great Souls: Six Who Changed the Century* (Nashville, TN: Word, 1998), pp. 128-52.
4. Aleksandr Solzhenitsyn, *The Gulag Archipelago 1918-56: An Experiment in Literary Investigation*, trad. Thomas P. Whitney y

Harry Willets, abr. Edward E. Ericson, Jr. (Londres: Harvill Press, 1986), pp. 309-310. [*Archipiélago Gulag* (Barcelona: Tousquets, 2015)].

5. Solzhenitsyn, *The Gulag Archipelago,* p. 312.

Capítulo 8: Los malvados no ganarán

1. «Four O'Clock», *The Twilight Zone,* Wiki, https://twilightzone. fandom.com/wiki/Four_O%27Clock y https://en.wikipedia.org/wiki/ Four_O%27Clock_(The_Twilight_Zone).

2. John Phillips, *Exploring the Book of Daniel: An Expository Commentary* (Grand Rapids, MI: Kregel, 2004), p. 85.

3. Edward W. Goodrick y John R. Kohlenberger III, *The NIV Exhaustive Concordance* (Grand Rapids, MI: Zondervan, 1990), «ira», pp. 1276-77, «misericordia», pp. 748-49.

4. https://www.christianitytoday.com/ct/2020/december/charles-mully-childrens-worlds- largest- family-covid.htm.

Capítulo 9: El Dios de los giros radicales

1. De una conversación personal con el autor. Usada con permiso.

2. Vinh Chung con Tim Downs, *Where the Wind Leads: A Refugee Family's Miraculous Story of Loss, Rescue, and Redemption* (Nashville, TN: W Publishing, 2014), pp. 3-4.

3. Chung, *Where the Wind Leads,* p. 204 y Chung, *Where the Wind Leads,* YouTube, 7 mayo 2014, https://www.youtube.com/ watch?v=j-e4qNfIbtg.

Capítulo 10: Un pueblo Purim

1. Lorraine Boissoneault, «Why an Alabama Town Has a Monument Honoring the Most Destructive Pest in American History: The boll weevil decimated the South's cotton industry, but the city of Enterprise found prosperity instead», *Smithsonian Magazine,* 31 mayo 2017, https://www.smithsonianmag.com/ history/agricultural-pest-honored-herald-prosperity-enterprise-alabama-180963506/.

2. Yoram Hazony, *God and Politics in Esther* (Nueva York: Cambridge University Press, 2016), p. 165.

3. Mike Cosper, *Faith Among the Faithless: Learning from Esther How to Live in a World Gone Mad* (Nashville, TN: Nelson, 2018), p. 167.

4. Cosper, *Faith Among the Faithless*, p. 167.
5. Kathy DeGagné, «Purim—A Story of Redemption», Bridges for Peace, 10 enero 2013, https://www.bridgesforpeace.com/article/purima-story-of-redemption/.
6. Conversación personal con el autor. Usada con permiso.

Capítulo 11: Fuiste creado para un momento como este
1. San Agustín, *Confesiones* (Buenos Aires, Argentina: Editorial Bonum, 2000), p. 13.
2. Benjamin P. Browne, *Illustrations for Preaching* (Nashville, TN: Broadman, 1977), pp. 72-73.

ACERCA DEL AUTOR

D esde que ingresó al ministerio en 1978, Max Lucado ha servido en iglesias en Miami, Florida; Río de Janeiro, Brasil y San Antonio, Texas. Actualmente se desempeña como pastor de enseñanza de la Iglesia Oak Hills en San Antonio. Es el autor inspirador más vendido de Estados Unidos con más de 140 millones de productos impresos.

Visite su sitio web en MaxLucado.com
Facebook.com/MaxLucado
Instagram.com/MaxLucado
Twitter.com/MaxLucado

ACERCA DEL AUTOR

Max Lucado
BESTSELLERS

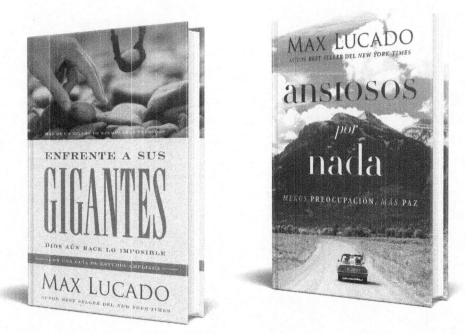

Max Lucado
PUBLICACIONES RECIENTES

Encuentra palabras de aliento e inspiración, que te llevarán a una experiencia con Jesús más profunda.

www.MaxLucado.com